섬김

필로는 사랑 주는 책, 사랑받는 책을 만듭니다.

섬김

개정판 1쇄 발행 | 2024년 4월 10일

지은이 | 배창돈
펴낸이 | 고경원
펴낸곳 | (주) 필로
디자인 | 필로디자인

등록번호 | 제2013-000233호(2013년 12월 6일)
주 소 | 서울시 양천구 목동동로 437, 1103호
전 화 | 02-3489-4300
이메일 | suvackoh@naver.com

Printed in Korea.
ISBN 979-11-88480-13-5 03230

※가격은 뒤표지에 있습니다. 잘못된 책은 구입하신 곳에서 교환해 드립니다.

섬김

배창돈 지음

PHILO

CONTENTS

섬김의 삶을 따라가면
열매가 많다

삶의 마지막 순간에 중요한 것은 '내가 얼마나 성공을 하고 만족스러운 삶을 살았는가?'가 아니다. '내가 다른 사람을 위해 무엇을 어떻게 섬겼는가?'하는 것이다. 그리고 '얼마나 많이 섬겼느냐'는 것이다. 주님께서 이런 삶을 원하시기 때문이다.

섬김은 개인과 가정, 교회, 더 나아가 모든 공동체를 건강하게 한다. 하나님은 죄인들을 구원해 주시기 위해서 독생자 예수 그리스도를 십자가에 못 박아 죽이심으로 섬김의 본을 보여 주셨다. 그러므로 하나님의 사랑을 품고 사는 자는 섬김의 사람이 되어야 한다. 우리를 부르신 주님께 기쁨의 열매를 보여드리기 위해 준비해야 한다. 어떻게 살 것인가 하는 결단이 필요하다. 다른 사람에게 영향을 끼칠 수 있는 선택의 기회는 항상 있는 것이 아니다.

외딴섬에 한 노인이 살고 있었다. 그의 나이는 아흔 살 가량 되었다. 자신에게 죽음이 가까워오고 있다는 사실을 알았다. 그는 가족들과 고립되어 있어서 외로웠다. 이 노인은 젊었을 때 '예수님의 사랑하시는 자'로 불렸고 왕성한 활동을 했다. 성격 또한 대단해서 그에게 붙여진 별명이 있었다. '우뢰의 아들'이 었다. 이 사람은 예수님의 열두 제자 중 한 사람인 사도 요한이 다. 요한은 밧모섬으로 추방되어 말년을 쓸쓸하게 보내고 있었 다. 그때 주님께서 영광스러운 천국의 모습을 보여 주셨다. 그 내용이 요한계시록 21장이다.

"또 내가 새 하늘과 새 땅을 보니 처음 하늘과 처음 땅이 없어 졌고 바다도 다시 있지 않더라 또 내가 보매 거룩한 성 새 예루 살렘이 하나님께로부터 하늘에서 내려오니 그 준비한 것이 신 부가 남편을 위하여 단장한 것 같더라 내가 들으니 보좌에서 큰 음성이 나서 이르되 보라 하나님의 장막이 사람들과 함께 있으 매 하나님이 그들과 함께 계시리니 그들은 하나님의 백성이 되고 하나님은 친히 그들과 함께 계셔서 모든 눈물을 그 눈에서 닦아 주시니 다시는 사망이 없고 애통하는 것이나 곡하는 것이나 아픈 것이 다시 있지 아니하리니 처음 것들이 다 지나갔음이러라 보좌에 앉으신 이가 이르시되 보라 내가 만물을 새롭게 하노라 하시고 또 이르시되 이 말은 신실하고 참되니 기록하라 하시고 또 내게 말씀하시되 이루었도다 나는 알파와 오메가요 처음과 마지막이라 내가 생명수 샘물을 목마른 자에게 값없이 주리니 이기는 자는 이것들을 상속으로 받으리라 나는 그의 하나님이 되고 그는 내 아들이 되리라"(계 21:1~7)

이 말씀은 사도 요한 뿐 아니라 모든 그리스도인에게 천국에 대한 소망과 확신을 주는 메시지이다.

많은 사람이 자신을 위해 살다가 너무나 힘들어 하고 아파한다. 그리고 눈앞에 있는 것에 매달려 발버둥을 친다. 그러나 믿음의 사람은 인생의 단면을 보지 않고 예수 그리스도를 통해 전체를 보고 마지막에 주님으로부터 받을 칭찬과 상급의 영광스러운 자리를 기대하며 살아간다. 삶 가운데 많은 열매를 맺었다고 자신있게 말한 사도 바울이 그 대표적인 모델이다. 죽음을 앞 둔 그의 고백을 들을 때마다 마음이 뛰는 이유는 우리도 그 자리에 설 수 있다는 가능성을 알려 주었기 때문이다.

"나는 선한 싸움을 싸우고 나의 달려갈 길을 마치고 믿음을 지
켰으니 이제 후로는 나를 위하여 의의 면류관이 예비되었으
므로 주 곧 의로우신 재판장이 그 날에 내게 주실 것이며 내게
만 아니라 주의 나타나심을 사모하는 모든 자에게도니라"(딤후
4:7~8)

사람들은 꿈꾸는 동안에는 꿈속에서 일어나는 모든 일을 사
실처럼 여기고 슬퍼하거나 두려워하고 즐거워한다. 그러나 꿈
에서 깨면 슬퍼하지도 즐거워하지도 않고 곧 잊어버린다.

"주여 사람이 깬 후에는 꿈을 무시함 같이 주께서 깨신 후에는
그들의 형상을 멸시하시리이다"(시 73:20)

영원한 것, 진정한 가치에 관심을 가져야 한다. 하룻밤의 꿈
처럼 무시해야 될 것을 붙잡고 살아서는 안 된다. 영원한 상급
을 가져다 줄 수 있는 가치 있는 삶을 살아야 한다. 죽음 이후까
지 가지고 갈 수 있는 진정한 가치에 시간과 정열을 바쳐야 하
는 것이다.

우리는 지나고 보면 부질없는 것에 너무나 많은 시간을 보내
고 사는지도 모른다. 시편기자는 악인들의 형통과 이해할 수 없

는 고통과 인생 문제에 대해 하나님을 의심하고 잠깐이나마 불평했던 것에 대해 이렇게 고백하고 있다.

"내가 이같이 우매 무지하니 주의 앞에 짐승이오나"(시 73:22)

여기서 '짐승'이란 거대한 덩치를 가진 동물로 어리석은 짐승의 상징인 물소를 뜻한다고 한다. 인생이 눈앞의 욕심 때문에 어리석은 물소처럼 행동하기도 한다는 뜻이다.

내가 지금 하고 있는 일이 진정한 가치를 가지고 있는지 살펴야 한다. 잠깐 동안 있다가 지나가는 꿈같은 것은 아닌지 잘 살펴야 할 것이다.

우리는 영원한 가치이신 주님을 생각해야 한다. 주님은 항상 함께 하시고 특별히 우리의 힘이라고 자랑하는 오른손을 붙잡아 주신다.

"내가 항상 주와 함께 하니 주께서 내 오른손을 붙드셨나이다"
(시 73:23)

한없이 약함을 느낄 때, 세상을 보니 너무나 복잡하고 어렵고 힘이 들 때, 실패를 거듭하고 있을 때 주님께서 어떤 분인가를 생각해야 한다. 하나님은 항상 우리와 함께 하시고 우리의 오른손을 붙잡고 계신다. 하나님께서 오른손을 붙잡고 계시니 염려하지 않아도 되는 것이다.

주님은 우리가 이 세상 사는 동안 끊임없이 주의 교훈으로 인도해 주신다.

운전할 때 길을 잘 찾는 사람이 있는가 하면 나처럼 길 찾는 것에 둔한 사람도 있다. 특히 서울처럼 복잡한 곳에 들어가면 길 찾느라고 정신이 없다. 그런데 요즘은 복잡한 대도시도 편하게 다녀온다. 내비게이션 때문이다. 내비게이션에 목적지만 입력해 놓으면 알아서 인도하니 지시하는 데로만 가면 되는 것이다. "500m 앞에서 우회전 하십시오. 고가도로로 주행하십시오. 좌측길로 주행하십시오" 내비게이션의 지시를 한순간에 놓치면 낭패를 당하게 된다.

하나님께서는 우리에게 예수님을 선물로 주셨다. 예수님은 우리의 길이 되셔서 우리의 인생을 인도해 주신다. 이 세상에서 뿐만 아니라 이 세상에서의 삶을 마치고 나면 영광으로 우리를 영접한다고 하셨다.

"예수께서 이르시되 내가 곧 길이요 진리요 생명이니 나로 말미암지 않고는 아버지께로 올 자가 없느니라"(요 14:6)
"주의 교훈으로 나를 인도하시고 후에는 영광으로 나를 영접하시리니"(시 73:24)

우리가 진정으로 사모할 분은 주님밖에 없다. 유일한 신뢰의 대상이시다. 사람들은 세상의 것들을 신뢰하다가 배반을 당하고 통곡한다. 돈이나 명예, 지식, 사람, 부귀영화를 쫓아가면 실망과 좌절을 맛보게 된다. 하지만 주님은 결코 우리를 실망시키지 않으시기에 영원히 사모할 분이시다.

"하늘에서는 주 외에 누가 내게 있으리요 땅에서는 주 밖에 내가 사모할 이 없나이다"(시 73:25)

우리에게 자신의 생명을 아낌없이 주신 주님은 우리에게 제자가 되길 원하신다. 주님은 제자들을 부르실 때 "나를 따르라"고 하셨다.

"예수께서 그 곳을 떠나 지나가시다가 마태라 하는 사람이 세

관에 앉아 있는 것을 보시고 이르시되 나를 따르라 하시니 일어
나 따르니라."(마 9:9)

"또 지나가시다가 알패오의 아들 레위가 세관에 앉아 있는 것
을 보시고 그에게 이르시되 나를 따르라 하시니 일어나 따르니
라."(막 2:14)

'따르라'에 해당하는 헬라어 '아콜루데이'는 현재명령형으
로 "주저하지 말고 당장 따르라"는 신앙적인 결단을 요구하는
말씀이다. 제자는 주님을 따라 섬김의 삶을 살며 복음을 전하는
자이다. 예수님은 자신의 목숨까지 대속물로 주신 섬김의 삶을
사셨기 때문이다.

"인자가 온 것은 섬김을 받으려 함이 아니라 도리어 섬기려 하
고 자기 목숨을 많은 사람의 대속물로 주려 함이니라."(마 20:28)

예수님의 섬김의 삶을 따라가면 열매가 많다. 그리고 하나님
으로부터 귀하게 여김을 받게 된다. 예수님의 제자들은 참으로
열매가 많았다. 주님의 말씀을 마음에 새기고 모든 민족에게 복

음을 전하기 위해 예수님처럼 목숨을 아끼지 않고 섬겼기 때문이다.

예수님의 제자에게서 섬김이라는 단어를 빼버리면 껍데기만 남게 된다. 주님은 재림시에 제자로서 섬김의 삶을 산 자들을 속히 만나기를 원하신다. 준비하신 영원한 상을 주시고 싶기 때문이다.

평택대광교회는 1987년부터 제자훈련을 시작하여 지금까지 계속하고 있다. 제자훈련으로 훈련받은 자들이 교회 각 분야에서 섬기고 있다. 리더를 '섬김장'으로, 각 파트에서 섬기는 자들을 '섬김이'로 부른다. 이들 가운데 유급 직원은 한 명도 없다. 복음의 감격으로 주님을 사랑하며 천국에 대한 소망으로 가득 찬 자들은 섬기는 자세와 결과가 다르다.

제자훈련 30년 동안 성도들과 함께 나눈 내용을 책으로 엮었다. 이 책을 읽는 분들이 가정과 교회, 그리고 속한 공동체에 섬김의 영향력을 끼치기를 기대해 본다.

배창돈 목사

#1

섬기시는
하나님
(신비로운 계획)

이 모든 것은 하나님이 인간을 위해 섬겨 주신 것이다

#1

대부분의 사람은 좋은 작품을 보면 감탄한다. 그리고 그 작가에 대해 존경심을 표한다.

세상에는 볼거리가 참으로 많다. 우리나라에도 외국보다 더 나은 비경들이 많이 있다.

제주도 남단에 가면 '지삿개'라는 해안가에 수를 헤아릴 수 없이 많은 돌기둥이 쌓여 성처럼 해안을 에워싸고 있는 특이한 비경을 볼 수 있다. 1.75km에 이르는 해안에 걸쳐 수많은 크고 작은 사각형 또는 육각형 돌기둥 바위들이 깎아지른 절벽을 이루고 있다. 돌기둥 사이로 파도가 부딪쳐 하얀 포말이 부서지는 모습은 정말 장관이며 파도가 심하게 일 때는 10m 이상 용솟음치기도 한다.

자연의 신비로움과 아름다움을 보면 하나님의 솜씨가 얼마나 대단한가를 알 수 있다. 이 모든 것을 인간을 위해 주셨다는 사실을 깨닫는 사람은 하나님께 감사하지 않을 수 없을 것이다.

이 세상은 하나님의 창조로 시작되었다. 하나님은 성경을 통해 이 사실을 명쾌하게 말씀하고 있다. 얼마나 중요하면 성경의 맨 첫 번째에 기록되었을까?

"태초에 하나님이 천지를 창조하시니라"

인간은 이 세상에 태어나면서부터 하나님께서 창조하신 수없이 많은 선물을 누리고 산다. 너무나 완벽하게 창조하시고 선물로 주시는 하나님의 사랑에 감탄하지 않을 수 없다. 이 모든 것은 하나님이 인간을 위해 섬겨 주신 것이다.

#1
하나님의
비밀

이 세상을 창조하신 하나님이 준비하신 최고의 비밀이 있다. 창조주 하나님을 믿지 않으면 이 엄청난 비밀을 알 수가 없다.

그러나 예수님을 믿고 하나님을 만나면 이 비밀을 알려 주신다.
사람들이 불안해하고 힘들게 사는 이유가 하나님의 비밀을 모
르기 때문이다.

인생은 여행이다. 여행을 마치고 죽음으로 모든 것이 끝난다
면 무슨 약속이 필요하겠는가?

에베소서 3장 9절에서는 창조주 하나님이 계획하신 엄청난
비밀이 있다는 사실을 말씀한다.

"영원부터 만물을 창조하신 하나님 속에 감추어졌던 비밀의 경
륜이 어떠한 것을 드러내게 하려 하심이라"(엡 3:9)

'경륜(經綸)'이란 '일정한 포부를 가지고 일을 조직적으로 계
획함'이란 뜻으로 하나님께서 포부를 가지고 준비하신 계획을
말한다.

이 비밀은 인생의 영원한 행복을 위한 신비로운 비밀이다.
하나님께서 사람에게 준비하신 최고의 축복이지만 많은 사람이
관심이 없는 것이 문제이다.

어떤 사람이 개를 좋아했다. 자기가 키우는 개에게 더 좋은
환경을 만들어 주기 위해 잔디를 심고 나무를 심었다. 그러나

그 개가 와서 다 파헤쳐 버렸다. 이 사람은 다시 잔디를 심고 나무를 심었으나 헛수고였다. 그래서 철조망을 만들어 개가 들어가지 못하도록 했지만, 어느 틈엔가 철조망을 물어뜯고 비집고 들어가서 망쳐놓았다. 이제 이 사람의 고민은 개에게 어떻게 자신의 비밀을 알릴까 하는 것이었다.

하나님은 인생들에게 이 복된 비밀을 말씀해 주고 싶어 하신다. 비밀을 숨기지 않고 드러내고 싶어 하신다. 그리고 이해시켜서 복을 소유하도록 해 주고 싶으신 것이다.

세상을 창조하신 하나님의 비밀 속에는 죽음 이후에 대한 비밀도 포함되어 있다. 이 세상을 창조하신 하나님은 죽음 이후의 세상도 완벽하게 준비하셨다. 하나님은 육체적인 죽음 이후의 처소를 만드신 것에 대해 성경 여러 곳에서 말씀하셨다. 특히 요한계시록 21장 1~4절에서는 자세히 말씀해 주셨다.

"또 내가 새 하늘과 새 땅을 보니 처음 하늘과 처음 땅이 없어졌고 바다도 다시 있지 않더라 또 내가 보매 거룩한 성 새 예루살렘이 하나님께로부터 하늘에서 내려오니 그 준비한 것이 신부가 남편을 위하여 단장한 것 같더라 내가 들으니 보좌에서 큰 음성이 나서 이르되 보라 하나님의 장막이 사람들과 함께 있으매 하나님이 그들과 함께 계시리니 그들은 하나님의 백성이 되고 하나님은 친히 그들과 함께 계셔서 모든 눈물을 그 눈에서 닦아 주시니 다시는 사망이 없고 애통하는 것이나 곡하는 것이나 아픈 것이 다시 있지 아니하리니 처음 것들이 다 지나갔음이러라"(계 21:1~4)

천국을 '새 하늘과 새 땅' '거룩한 성 새 예루살렘'으로 표현하고 있다. 천국은 창조주이신 하나님께서 최고의 솜씨, 최고의 정성을 담은 완벽한 처소이다. 하나님께서 친히 함께 계신 곳으로 하나님께서 통치하시는 곳이다. 자신의 외아들 예수님을 십자가에 못 박으시면서까지 우리를 자녀 삼아 주신 사랑의 하나님께서 함께 계신 곳이다.

#2
하나님의 섬김으로 주신
영원한 행복

하나님께서 인간을 위해 예비하신 삶은 불행이 아니라 행복이다. 우리에게 행복을 주시기 위해 예수님을 이 땅에 보내시고 십자가에 못 박아 죽이기까지 하셨다. 우리는 하나님의 크신 사랑 때문에 이제 하나님께 당당히 나아갈 수 있게 되었다.

"우리가 그 안에서 그를 믿음으로 말미암아 담대함과 확신을 가지고 하나님께 나아감을 얻느니라"(엡 3:12)

하나님께서는 예수님을 보증으로 우리를 자녀로 받아 주셨다. 정말 자격이 있는 자를 보증해 주시면 당연한 것이지만, 자격도 없는 우리를 보증해 주시니 얼마나 감사한 일인가?

"이와 같이 예수는 더 좋은 언약의 보증이 되셨느니라"(히 7:22)

하나님 앞에 담대함과 확신을 가지고 나아갈 수 있도록 자신의 아들을 내어 주셨다. 이보다 더 큰 사랑의 섬김이 어디 있는가?

예수님의 섬김으로 그리스도인은 하나님의 상속자가 되었다. 하나님의 소유를 상속받을 법적 자격을 가지게 되었다.

"이는 이방인들이 복음으로 말미암아 그리스도 예수 안에서 함께 상속자가 되고 함께 지체가 되고 함께 약속에 참여하는 자가 됨이라"(엡 3:6)

양자로 들어가도 법적으로 아들로 인정되기 때문에 상속

자가 되는 것처럼 그리스도인은 예수님으로 인해 상속자가 되는 것이다. 이제 우리는 이 세상을 창조하신 하나님의 자녀가 되었기 때문에 세상 재벌들의 상속과 비교되지 않는 복을 받게 되었다.

텍사스에 대목장을 가진 최고의 부자가 세계여행 중에 영국 버킹검 궁전 앞까지 왔다. 그는 문지기에게 천불을 주면서 이 정도면 들어가도 되겠느냐고 물었다. 그때 문지기가 이런 말을 했다. "이 왕궁에 들어가는 것은 돈을 주고 가는 것이 아닙니다. 초청받은 사람은 1불이 없어도 자유롭게 들어갈 수 있습니다."

예수님을 통해 하나님의 상속자가 되면 천국에 당당하게 들어갈 수 있는 것이다.

#3
지체가 되는
영광

우리는 예수님을 믿으므로 예수님의 지체가 되었다. 지체가 된다는 것은 엄청난 사건이다.

"이는 이방인들이 복음으로 말미암아 그리스도 예수 안에서 함께 상속자가 되고 함께 지체가 되고 함께 약속에 참여하는 자가 됨이라"(엡 3:6)

지체는 별도로 존재하는 독립체가 아니다. 지체는 서로 유기적 관계를 가지고 지속적인 공급을 받는다. 우리가 예수님을 영접하는 순간부터 예수님의 지체가 되어 끊임없이 생명을 공급받게 된다. 이뿐 아니라 하나님이 원하시는 열매를 맺게 된다.

"나는 포도나무요 너희는 가지라 그가 내 안에, 내가 그 안에 거하면 사람이 열매를 많이 맺나니 나를 떠나서는 너희가 아무 것도 할 수 없음이라"(요 15:5)

포도나무 가지는 포도나무에 붙어 있는 동안 끊임없이 열매를 맺는다. 포도나무에 붙어있으면 된다. 포도나무이신 주님께 붙어있어서 지속적인 공급을 받는다면 반드시 열매를 맺게 되는 것이다.

또한 지체되면 하나님의 약속에 참여하는 영광을 누리게 된다. 예수님을 믿으면 하나님의 약속을 보장받게 되는 것이다. 하나님의 약속이 현실이 되어 기쁨과 감격을 누리게 된다. 성경은 하나님의 약속이다. 살아계신 하나님의 약속이다. 이 약속을 믿고 신뢰하면 그 약속이 이루어지는 것을 보게 된다. 그리스도인은 이 땅에서 하나님의 약속을 보며 살다가 죽음 이후에는 천국을 약속대로 받게 되는 것이다.

#4
복음의 일꾼, 복음을 전하는
공동체 교회

사도 바울은 자신이 복음을 위한 일꾼이라고 밝히고 있다. 복음의 일꾼은 아무나 되는 것이 아니다. 복음을 전하는 일꾼은 돈으로 되는 것도 아니다. 세상의 지식이나 명예로 되는 것도 아니다. 자신의 노력으로 되는 것도 아니다. 하나님 은혜의 선물이다.

하나님의 영광스러운 섬김의 자리에서 동역하는 일꾼이 된다는 것은 참으로 큰 영광이 아닐 수 없다. 하나님이 주신 참으로 귀한 선물인 것이다.

그러므로 복음을 전하는 자는 자부심을 가져야 한다. 하나님께서 주신 은혜의 선물을 받은 자이기 때문이다. 세상에서도 대통령이 일꾼으로 임명한 장관만 되어도 대단한 자부심을 가지고 일한다. 하물며 하나님으로부터 복음의 일꾼으로 부름받은 것은 말할 수 없는 영광이 아닐 수 없다. 이제부터 당당하게 복음을 전해야 하는 이유이기도 하다.

교회가 탄생한 이유는 바로 교회를 통해 하나님의 신비로운 비밀을 알도록 하기 위함이다. 교회는 이 귀한 하나님의 비밀을 사람들에게 알려야 한다. "하나님이 준비하신 행복을 붙잡으시오!"라고 말이다.

교회가 교회의 역할을 하지 못하면 이 세상 사람들이 죄에서 구원을 받을 수 없다. 교회가 복음의 비밀을 알리지 않으면 교회가 존재하는 목적을 상실하는 것이다.

교회는 사람들에게 세상이 줄 수 없는 하나님의 행복을 전하는 특권을 가지고 있다. 이 일에 쓰임 받는 일꾼이 된 것이 얼마나 큰 행복인지 알아야 한다.

기원전 490년 아테네 북동쪽에 있는 마라톤 광야에서 그리스의 밀티아데스가 침략해온 페르시아의 다리우스 대왕이 보낸 군대를 격파했다. 페르시아군은 6400명이 전사하고, 그리스군은 192명만 전사하는 대승이었다. 이 기쁜 승리의 소식을 빨리 아테네 시민들에게 알리기 위해 그리스 병사 페이디피데스가 40km를 달려서 "우리는 이겼노라"고 아테네 시민들에게 알리고 숨을 거두었다. 얼마나 이 소식을 알리고 싶었던지 있는 힘을 다해 달렸고 그는 그 자리에서 숨을 거두고 만 것이다. 이것이 마라톤의 유래이다.

이 복음이 얼마나 귀한 소식인가를 알았던 믿음의 사람들의 슬로건은 한 마디였다. 이 기쁜 소식을 전할 수 있다면 "죽어도 좋다"였다.
사도바울도 그랬다.

"내가 달려갈 길과 주 예수께 받은 사명 곧 하나님의 은혜의 복음을 증언하는 일을 마치려 함에는 나의 생명조차 조금도 귀한 것으로 여기지 아니하노라"(행 20:24)

세계 곳곳으로 나아간 선교사들이 그랬다. 이 기쁨 소식을 전하다가 죽어도 좋다는 각오로 미지의 세계로 떠난 것이다.
우리나라에 최초로 복음을 전해준 27세의 토마스 선교사는 제너럴셔먼호가 침몰할 때 뱃머리에서 "예수"라고 고함을 치며 많은 성경책을 뿌려주었다. 이 광경을 보고 있던 황명대라는 사람이 예수님을 믿고 대동강변의 조왕리교회에 출석하게 되었다고 한다. 그리고 제너럴셔먼호가 불타고 토마스 선교사가 살해당할 위기의 순간이었을 때 그는 자기를 살해하려던 사람에게 성경책을 받으라고 애걸했다고 한다. 토마스 선교사를 죽였다는 박춘권이라는 자는 조선 최초의 교인이 되었다고 한다.

하나님의 이 기쁜 소식을 전하기 위해 수많은 사람이 섬김의 삶을 살고 죽어갔다. 그 결과 우리가 복음을 통한 행복을 소유하게 되었다. 복음 전할 수 있도록 우리를 일꾼으로 불러 주신 하나님께 감사를 드려야 한다. 이 귀한 복음을 계속해서 전해야 한다,

#2

섬기시는
하나님
(조화와 아름다움)

인생의 아름다움은 이 세상을 창조하신 하나님을 만나면 된다

#2

모든 사람은 아름다운 인생 그림을 그리고 있다. 누구나 아름다운 인생을 살기 위해 노력한다.

한 시대의 각 분야에서 최고의 인재를 키워낸 어머니들에게는 특별한 점들이 있다.

세계적인 지휘자인 헤르베르트 폰 카라얀이 '신이 내린 목소리'라고 칭찬한 성악가가 있다. 지금은 세계적인 소프라노 가수로 활동하고 있는 조수미이다. 조수미의 어머니 김말순 여사는 딸이 유학을 가고 공연으로 세계 곳곳을 다닐 때도 세상에서 가장 친한 친구가 되어 주었다. 먼 타국에서 외롭게 살아갈 때 언제든지 흉금을 털어놓을 수 있는 대화 상대가 되기 위해 매일 편지를 썼다. 끊임없이 좋은 책을 소포로 보내어 세계를 향해 당당한 모습을 가지도록 도왔고, 언제나 꿈을 가지고 살도록 도

외주었다. 이런 어머니의 노력은 '이 세상에서 가장 친한 사람은 어머니'라는 인식을 가지도록 했다.

서울대학교 총장으로 유일하게 재임 기간을 다 채운 총장이 정운찬 교수이다. 정운찬 교수의 어머니 이경희 여사는 어려서부터 아들이 '엄마'라고 부르는 것을 허락하지 않았다. 다른 아이들이 "엄마"라고 부르며 어리광 피우는 것을 부러워할 때도 '어머니'라고 부르도록 가르쳤다. 이는 아들을 어릴 때부터 내면에서부터 품격 있는 사람으로 키우기 위함이었다고 한다. 정운찬 교수의 어릴 때 학교 통지표에는 '나이에 비해 철이 일찍 듦'이라고 기록되어 있다고 한다. 그리고 어릴 때부터 '정승이 돼라'고 가르쳤는데 정승이 되기 위해 항상 강조한 것이 있었다. '남을 해치지 말라' '남에게 관대하고 자신에게 엄격하라'였다. 아들이 친구들에 대해 섭섭함을 이야기하면 절대로 아들의 편을 들지 않고 '남에게 관대하라'고 가르쳤다고 한다.

이처럼 어머니들은 자녀교육에 대한 철학이 있다. 그 철학 가운데 눈여겨볼 것은 바로 나름대로의 질서에 따라 자녀를 양육했다는 것이다.

반듯한 질서는 대가없이 세워지지 않는다. 그 속에는 헌신과 사랑을 포함한 섬김이 있어야 가능한 것이다.

전도서 3장 11절에 보면 "하나님이 모든 것을 지으시되 때를 따라 아름답게 하셨고 또 사람들에게는 영원을 사모하는 마음을 주셨느니라 그러나 하나님이 하시는 일의 시종을 사람으로 측량할 수 없게 하셨도다"라고 말씀하고 있다.

인생의 아름다움은 이 세상을 창조하신 하나님을 만나면 된다. 그분만이 우리 인생을 아름답게 하실 수 있기 때문이다.

#1

좋은 작가,
좋은 작품

인간을 만드신 하나님은 인간의 생리를 아신다. 약점도 알고 강점도 아신다. 그리고 약해지거나 고장이 나면 고칠 수 있는 능력을 갖추고 계신다. 인생에 대해 100% 아시는 분은 오직 하나님 뿐이시다. 그분께 인생이 맡겨진다면 가장 멋있는 작품이 나오게 된다.

철학자 플라톤이 이런 말을 했다.

"전 세계 사람들이 힘을 합쳐도 파리 한 마리를 만들 수 없다."

인간의 힘으로는 풀 한 포기, 꽃 한 송이도 만들 수 없다. 어느 학자가 미국 돈 5달러짜리 도시락 하나를 만드는데 얼마나 많은 인력과 돈이 들어갔는지 연구해보니 한국 돈으로 10억 원의 돈과 500만 명의 노력이 들어갔다고 한다. 이것을 보면 우주 만물을 지으신 하나님의 능력이 얼마나 대단한가를 알 수 있다.

과학자들이 연구하고 실험한 결과 눈을 가장 보호하는 색깔이 녹색이라는 사실을 발견했다. 녹색은 조용하고 차분한 색깔이다. 하나님께서 산의 나무나 풀을 녹색으로 만든 이유를 비로소 알게 된 것이다.

오래전 일본의 한 교회를 방문하여 와세다대학 교수를 만나서 어떻게 예수님을 믿게 되었는지 물었다. 그 교수는 창세기 맨 첫 장 첫 번째 구절인 "태초에 하나님이 천지를 창조하시니라"는 말씀을 보는 순간 하나님은 다른 신과 비교되지 않는 분이라는 생각을 하고 믿게 되었다고 했다.

우리의 인생을 지금이라도 그분께 맡겨 드린다면 우리의 삶을 가장 아름답게 인도해 주실 것이다.

주님께서는 끊임없이 인생의 문제를 자신에게 맡겨달라고 하신다.

"아무 것도 염려하지 말고 다만 모든 일에 기도와 간구로, 너희

구할 것을 감사함으로 하나님께 아뢰라 그리하면 모든 지각에 뛰어난 하나님의 평강이 그리스도 예수 안에서 너희 마음과 생각을 지키시리라"(빌 4:6~7)

"네 짐을 여호와께 맡기라 그가 너를 붙드시고 의인의 요동함을 영원히 허락하지 아니하시리로다"(시 55:22)

어느 날 새벽 예배 후 한 집사님이 50대 후반의 한 중년 남자를 데리고 나와 기도해 달라고 부탁했다. 오랫동안 알콜 중독으로 고생하고 있고 불면증으로 잠을 자지 못한다고 했다. 그를 위해 간절히 기도했다. 술을 끊고 밤에 잠을 잘 잘 수 있도록 기도했다. 알고 보니 집사님은 그분의 아내에게 10년 가까이 전도를 했으나 전혀 마음문을 열지 않았다. 그 남편도 아내에게 전도하는 집사님을 몹시 못마땅해했다. 그런데 알콜중독증과 불면증으로 고통 가운데 살던 그 남편이 어느 날 이 집사님이 생각났고 자신을 교회로 데려다 달라고 한 것이었다.

그 날 이후 그분은 불면증 증세가 깨끗이 사라졌다. 주님께서 은혜를 베풀어 주신 것이다. 예수님을 영접하고 새 사람이 되었다. 술로 인해 무질서하던 삶이 변화되었다. 얼굴이 밝아졌다. 굳게 닫혀 있던 아내의 마음도 남편의 변화를 보며 활짝 열

려 예수님을 영접했다. 지금 이 부부의 삶은 참으로 아름답게
변화되었다. 주님을 잘 섬기며 기쁨으로 살아가고 있다.

하나님은 무질서한 삶을 하나님의 질서 안에서 아름답게
해 주시는 분이다. 하나님이 우리를 위해 끊임없이 섬기시는
것이다.

2

때를 따라
아름답게

하나님은 때를 따라 아름답게 하시는 분이다. 하나님께서 세
상을 창조하신 후에 반복해서 하신 말씀이 있다. "보시기에 좋
았더라"는 말씀이다. "너무 좋다"고 감탄하신 것이다.

평택은 노을이 아름답다. '노을'이라는 동요의 가사를 쓴 분
이 30여 년 전에 평택에서 교회에 잠시 다닌 적이 있다. 그분은
이런 시를 썼다.

바람이 머물다 간 들판에 모락모락 피어나는 저녁 연기
색동옷 갈아입은 가을 언덕에 빨갛게 노을이 타고 있어요

허수아비 팔 벌려 웃음 짓고 초가지붕 둥근 박 꿈꿀 때
고개 숙인 논밭의 열매 노랗게 익어만 가는
가을바람 머물다간 들판에 모락모락 피어나는 저녁 연기

하나님께서 만드신 것은 모든 것이 아름답다. 봄, 여름, 가을, 겨울, 계절이 바뀔 때마다 새로운 아름다움을 선물로 주신다. 자연은 참으로 아름답다. 그런데 이렇게 아름다운 자연이 사람의 손길이 가면 더러워진다. 하나님께서는 사랑과 섬김으로 자연을 만드셨는데, 사람들은 욕심과 이기심으로 자연을 훼손하는 것이다.

아름다운 사람들의 삶 속에는 때를 따라 하나님의 만져주심이 있었다.

요셉이 애굽에 종으로 팔려갈 때는 도무지 희망이 보이지 않았지만 하나님께서 이끌어 주시니 그는 참으로 아름다운 인생을 살게 되었고 애굽의 총리로서 인생을 마감했다.

한 부인이 친구에게 선물로 줄 값비싼 손수건을 위대한 예술가 러스킨에게 보여 주었다. 그때 마침 잉크 한 방울이 떨어져 얼룩이 지고 말았다. 러스킨은 그 손수건을 달라고 해서 얼룩을 소재로 해서 멋있는 손수건을 만들었다. 여러 군데 얼룩이 많았지만 너무나 아름다운 조화를 이루어 멋있는 작품이 만들어진

것이다.

내 인생이 하나님의 작품이 되기를 원하면 하나님께서 가장
아름다운 작품을 만들어주실 것이다. 내가 고집스럽게 붙잡고
있는 내 욕심의 붓을 내려놓으면 하나님께서 붓을 잡고 명품을
만들어 주실 것이다.

최고의 예술가이신 하나님의 손길을 거부하지 말아야 한다.
하나님은 한없는 사랑과 섬김으로 우리 인생을 터치하기를 원
하신다. 하나님은 때를 따라 아름답게 해 주시는 분이다.

#3

영원을
사모하는 마음

우리를 섬겨 주시는 하나님께서 주신 또 하나의 선물은 바로
영원을 사모하는 마음이다.

"하나님이 모든 것을 지으시되 때를 따라 아름답게 하셨고 또
사람들에게는 영원을 사모하는 마음을 주셨느니라 그러나 하나
님이 하시는 일의 시종을 사람으로 측량할 수 없게 하셨도다"

(전 3:11)

하나님께서 오직 사람에게만 주신 마음이 영원을 사모하는 마음이다. 짐승에게는 영원을 사모하는 마음을 주시지 않았다. 사람은 이 세상만 살 존재가 아니다. 이 세상은 잠깐이다. 나그네와 같은 인생, 풀과 같은 인생, 안개와 같은 인생이다. '영원'이라는 말은 '숨겨진'이라는 의미가 있다. 인간은 짐승과 다르게 숨겨진 미래의 비밀인 영원에 대해 알고자 하는 욕구가 있다. 이는 하나님께서 주신 마음이다. 대부분의 사람들은 자신의 노력과 선행으로 미래의 평안을 소유하려고 한다. 하지만 채울 수가 없다. 파스칼이 이런 인간을 향해 '인간은 누구나 뻥 뚫린 가슴이 있다'고 했다.

만약 사람이 이 세상만 살다가 끝나는 존재라면 '영원'이라는 단어를 세상에서 추방해야 한다.

하나님께서 사람에게 영원을 사모하는 마음을 주신 것은 이 세상이 우리가 영원히 살 곳이 아님을 가르쳐 주신 것이다. 그뿐만 아니라 죽음 이후의 세계를 미리 준비해야 한다는 사실을 알려주신 것이다.

하나님은 '천국과 지옥'이 있음을 강조하셨다. 이 세상사는 동안 천국 갈 준비를 마쳐야 한다. 다시 말해 천국 갈 준비는 오늘 끝내야 한다. 내일은 우리의 시간이 아니기 때문이다.

하나님은 자격 없는 우리에게 사랑과 섬김으로 영생을 주셨다. 영생을 선물로 주신 것이다.

거저 주는 선물을 받지 않는 것은 어리석은 짓이다. 더욱이 하나님께서 주시는 영생의 선물에 무관심하거나 거부한다면 이는 영원히 후회할 일이다.

"너희는 그 은혜에 의하여 믿음으로 말미암아 구원을 받았으니
이것은 너희에게서 난 것이 아니요 하나님의 선물이라"(엡 2:8)

#4
인생의 모든 것은
하나님의 선물

누군가 이런 말을 했다.

"생명은 하나님이 주신 것이다. 이 진리를 아는 자는 우주의
비밀을 아는 자이며, 목적을 아는 자이다."

생명은 하나님의 선물이다. 우리가 사는 하루하루의 삶은 우연이 아니라 하나님의 선물인 것이다.

생명의 가치를 무엇으로 계산할 수 있을까?

예일 대학에서 사람에게서 아미노산과 각종 효소, 호르몬 등 생화학적으로 유용한 성분이 검출되었는데 값으로 환산하면 600만 달러에 달했고, 이것을 모두 합쳐서 인체 세포를 만드는데는 6000만 달러가 들었다고 한다. 인체 세포를 합쳐 인간을 만들 수도 없지만, 만약 만든다면 이 지구상의 모든 돈을 다 모아도 부족하다고 한다.

하나님을 아는 자는 생명을 귀하게 여긴다. 그러나 하나님을 모르는 자는 생명을 귀하게 여기지 않는다.

미국의 존스 홉킨스 대학 연구팀과 그 외 각종 통계를 보면 1998년까지 북한에서 굶어 죽은 사람만 300만 명에 이른다고 한다. 1920년대에 소련이 우크라이나 지역에 있는 농민 600만 명을 굶겨 죽였다고 한다. 제2차 대전 당시에는 히틀러가 600만 명의 유대인을 죽였고 중국이 중화민국을 점령했을 때는 3천만 명을 숙청했다고 한다. 이처럼 하나님을 모르는 사람들은 생명을 귀하게 여기지 않는다. 하나님이 주신 생명의 가치를 모르기 때문이다.

천하보다 귀한 것이 생명이다. 생명은 하나님께서 주셨고 하나님만이 주관하실 수 있다. 아무리 내 생명이라고 해도 마음대로 할 수 없다.

또한 하나님은 우리가 먹고 마시며 살 수 있도록 너무나 많은 식물을 주셨다. 이 모든 것이 하나님의 선물이다. 하나님이 주셨기에 수고할 수 있고 먹을 수 있고 누릴 수 있다.

"사람마다 먹고 마시는 것과 수고함으로 낙을 누리는 그것이
하나님의 선물인 줄도 또한 알았도다"(전 3:13)

세상에서는 수고한 대가를 받지 못하므로 억울해하고 화병이 생기기도 한다. 열심히 농사를 지어도 하나님께서 햇빛과 비를 주시지 않으면 열매를 얻을 수 없다. 햇빛 공기 물을 선물로 주셨기 때문에 가능하다.

이 세상의 수입과 열매는 우연이 아니다. 하나님의 간섭과 허락이 있어야 한다. 그러므로 수고해서 얻은 것을 내 공로라고 생각하면 안 된다. 우연이라고 생각하는 것도 잘못이다.

수고한 대가를 주시는 분이 결국 하나님이시기 때문이다.

마태복음 10장 29절에서 이렇게 말씀하고 있다.

"참새 두 마리가 한 앗사리온에 팔리지 않느냐 그러나 너희 아
버지께서 허락하지 아니하시면 그 하나도 땅에 떨어지지 아니
하리라"(마 10:29)

우리가 이 세상에서 누리며 사는 귀한 것은 모두 하나님의
선물이다. 이와 마찬가지로 천국도 하나님께서 주셔야만 갈 수
있다. 다시 말해서 영생도 인간의 노력이나 선행으로 얻는 것이
아니라 하나님께서 선물로 주신다는 것이다.

하나님은 인생에 필요한 가장 중요한 것은 모두 선물로 주시
고 죽음 이후의 영생도 선물로 주셨다. 이 모든 것은 우리에게
는 값없이 거저 주어진 선물이지만 하나님께서는 최고의 희생
과 사랑으로 우리를 섬겨주신 말로 다 할 수 없는 사랑이다.

"너희는 그 은혜에 의하여 믿음으로 말미암아 구원을 받았으니
이것은 너희에게서 난 것이 아니요 하나님의 선물이라 행위에
서 난 것이 아니니 이는 누구든지 자랑하지 못하게 함이라"(엡
2:8~9)

"그러므로 우리는 긍휼하심을 받고 때를 따라 돕는 은혜를
얻기 위하여 은혜의 보좌 앞에 담대히 나아갈 것이니라"

히 4:16

#3

십자가와
섬김

예수님의 십자가는 우리의 죄를 죽인 것이다

#3

섬김의 모델은 예수님이시다. 예수님은 이 땅에 섬기러 왔다고 하셨다. 예수님은 자신의 몸을 대속물로 내어주심으로 섬김의 극치를 보여주셨다.

"인자가 온 것은 섬김을 받으려 함이 아니라 도리어 섬기려 하고 자기 목숨을 많은 사람의 대속물로 주려 함이니라"(마 20:28)

오늘날 사람들이 십자가를 미화시키고 환상적으로 표현하지만, 그 당시는 십자가 이야기만 들어도 얼굴을 돌릴 수밖에 없는 추악함의 상징이었다. 그리고 비참함 그 자체였다.

예수님의 십자가는 우리의 죄를 죽인 것이다. 십자가의 형벌은 죄에 대한 대가가 얼마나 끔찍하고 무서운가를 보여 준 것이다. 십자가에 죄수의 두 발이 나란히 모아진 상태로 복사뼈 바로 밑에다 대못을 박는데, 굵고 울퉁불퉁한 대못은 두 발의 복사뼈를 관통한 다음 나무에 깊이 박히게 된다. 그 후 죄수의 상체를 비틀어서 바로 눕힌 후 끈으로 양팔목을 가름대에 묶고 양손의 손목뼈 사이에 못을 박는다. 흔히들 손바닥에 못을 박는 것으로 아는데, 그렇게 되면 죄인의 체중과 중력으로 인해서 손이 두 갈래로 찢어지게 된다고 한다. 이렇게 한 다음 십자가를 세워 고정시킨다. 상체가 뒤틀린 상태로 십자가에 못 박힌 죄수들은 엄청난 통증은 느끼지만 쉽게 죽지는 않는다. 낮에는 뜨거운 햇볕과 밤에는 싸늘한 추위를 견뎌야 하고, 때로는 날짐승의 공격을 받으며, 고통 중에서 서서히 죽어간다.

F.G리히터라는 박사가 십자가형의 육체적인 고통을 이렇게 표현하고 있다.

부자연스러운 자세나 육체적인 긴장은 모든 동작에 고통을 준다. 못이 박혀진 손 부분은 신경이 예민하고 몹시 아픔을 느끼기 쉬운 곳이므로 움직일 때마다 극심한 고통을 준다. 못의 상처와 채찍에 맞은 자국은 곧 염증을 일으키고 몸이 썩어 들어가는 괴저현상까지 일으킨다. 신체의 위치가 피의 순환을 방해하고 고통을 일으키며, 육체의 긴장은 죽음 자체보다도 더

견디기 어려운 것이다. 십자가의 고뇌는 최악의 고뇌요 그것
은 순간순간 괴로움이 증가하는 긴 고통이다. 뿐만 아니라 십
자가 형벌은 즉시로 타는 듯한 갈증을 사형수에게 덧붙인다.

그래서 십자가형을 받은 죄수는 1분이라도 빨리 죽는 것이
간절한 소망이었다. 그러기에 죄인의 가족이나 친구들은 죄수
옆에 있는 병사들에게 죽음으로 가는 급행료 등을 내고 빨리 죽
을 수 있도록 선처를 바랐다고 한다. 한 마디로 인간이 상상해
낼 수 있는 가장 심한 형벌이라는 소리다.

예수님은 서른아홉 번의 채찍질을 당하셨고 너무 많은 피를
흘려 하루를 못 넘기고 숨을 거두셨다. 예수님은 우리의 죄 때
문에 십자가에 돌아가셨기에 예수님의 죽음은 바로 우리의 죽
음이다.

진정한 그리스도인이라면 예수님의 십자가의 죽음을 담 너
머 불구경하듯 하지 않는다. 내 죄 때문에 십자가에 돌아가신
예수님의 십자가 사랑을 생각하며 예수님과 깊은 사랑의 교제
를 하며 살아간다.

#1
죄의
심각성

우리는 매일 예수님의 십자가를 생각하면서 죄의 심각성을 알고 죄를 이겨야 한다. 이런 말이 있다. '새가 머리 위로 날아가는 것은 어쩔 수 없지만, 머리 위에 둥지를 짓는 것은 막을 수 있다' 이 말은 누구나 유혹을 받을 수 있지만, 유혹을 이기고 극복할 수는 있다는 것이다.

이 세상사는 동안 끊임없이 죄로부터 유혹을 받는다. 요한일서 2장 16절에서는 세상을 지배하는 원리를 요약해서 말씀하고 있다.

"이는 세상에 있는 모든 것이 육신의 정욕과 안목의 정욕과 이 생의 자랑이니 다 아버지께로부터 온 것이 아니요 세상으로부터 온 것이라"(요일 2:16)

사람들은 이 세 가지의 유혹을 받는다.

1. 육신의 정욕 – 자신의 욕심대로 행동하는 것을 말한다.

2. 안목의 정욕 – 보는 것으로 비롯되는 욕망이다.

3. 이생의 자랑 - 육신의 삶을 가지고 자랑하는 것이다.

이 세상이 지배하는 원리로 살면 허무하게 된다. 그러나 하나님의 뜻대로 행하면 영원히 거하게 된다.

"이 세상도 그 정욕도 지나가되 오직 하나님의 뜻을 행하는 자
는 영원히 거하느니라"(요일 2:17)

예수님은 죄로부터 돌이킬 것을 아주 강력하게 말씀하셨다.
죄의 결과인 지옥의 고통이 얼마나 끔찍한가를 잘 아시기 때문
이다.

"만일 네 손이나 네 발이 너를 범죄하게 하거든 찍어 내버리라
장애인이나 다리 저는 자로 영생에 들어가는 것이 두 손과 두
발을 가지고 영원한 불에 던져지는 것보다 나으니라 만일 네
눈이 너를 범죄하게 하거든 빼어 내버리라 한 눈으로 영생에 들
어가는 것이 두 눈을 가지고 지옥 불에 던져지는 것보다 나으니
라"(마 18:8-9)

이 세상에서 당하는 죄의 고통 역시 참으로 처절한 경우를

볼 수 있다.

다윗이 우리야의 아내 밧세바로 인해 간음과 살인을 저지른 후 당하는 고통을 통해 잘 알 수 있다. 아들 압살롬의 반란, 자녀들 사이의 간음 사건 등 부모로서 당할 수 없는 너무나 처절하고 비참한 고통을 맛보게 된 것이다.

성경에는 하나님을 경외하라는 말씀이 많이 나온다. 하나님을 경외한다는 것은 하나님을 두려워한다는 것이다. 하나님의 존재를 아는 자는 하나님을 두려워하게 된다. 하나님을 경외하는 자는 죄로부터 자신을 지킬 수 있다. 악을 미워하여 범죄하지 않는 것이다.

"여호와를 경외하는 것은 악을 미워하는 것이라 나는 교만과 거만과 악한 행실과 패역한 입을 미워하느니라"(잠 8:13)

#2
십자가를 통한
축복

하나님께서 인간에게 주시는 축복은 십자가로부터 시작된

다. 예수님의 십자가 때문에 우리에게 용서의 축복이 주어지는 것이다. 예수님의 십자가 고난이 없었으면 우리에게 영광도 기쁨도 소망도 천국도 없는 것이다.

예배당에 처음 들어온 어린 소녀 하나가 강대상 뒤에 있는 십자가를 보면서 "저기 있는 더하기 표시는 무엇을 뜻할까?"라고 말했다고 한다. 십자가는 우리에게 엄청난 복을 더해 주었다. 예수님의 십자가로 죄인 된 우리가 하나님 앞에 담대히 나아갈 수 있는 길이 열렸다. 십자가는 죄로부터의 자유를 가져다 주었다.

솔제니친이 소련의 강제수용소에서 생활할 때 너무나 지치고 낙심하여 살 소망까지 포기하고 살아야 했다. 어느 날 작업 시간에 공구를 손보고 있는데 어떤 사람이 자기 곁으로 다가와 막대기로 땅 위에다 십자가를 그려 주었다. 솔제니친은 십자가를 뚫어지게 바라보며 이렇게 말했다.

"이 십자가 속에 인간의 진정한 자유가 있다는 것을 깨달았습니다."

십자가를 통해 마음껏 기도할 수 있는 길이 활짝 열렸다. 하나님과 화목한 증거로 우리는 하나님 앞에 언제나 나아갈 수 있게 된 것이다.

하나님께서 너무나 큰 섬김으로 비싼 대가를 치르신 십자가
는 우리에게 기도할 수 있는 특권과 함께 기도 응답의 축복을
받도록 해 주었다. 그러므로 하나님 앞에 무릎을 꿇을 때마다
십자가의 은혜를 생각하며 감사하는 마음으로 나아가야 한다.

"그러므로 우리는 긍휼하심을 받고 때를 따라 돕는 은혜를 얻
기 위하여 은혜의 보좌 앞에 담대히 나아갈 것이니라"(히 4:16)

십자가의 사랑으로 인해 사람과 화목하고 하나님과 화목하
게 되고 더 나아가 하나님의 가족이 되었다. 하나님의 양자로
입적되었다. 하나님을 아버지라고 부를 수 있는 특권을 누리게
된 것이다.

"너희가 아들이므로 하나님이 그 아들의 영을 우리 마음 가운
데 보내사 아빠 아버지라 부르게 하셨느니라"(갈 4:6)

에베소서 2장 19절에서는 "그러므로 이제부터 너희는 외인
도 아니요 나그네도 아니요 오직 성도들과 동일한 시민이요 하
나님의 권속이라"라고 말씀하고 있다. 여기서 '권속'이라는 단

어는 '식구'라는 의미가 있는데 그리스도 안에서 이방인도 유대인도 모두 한 가족이 되었다는 뜻이다. 삭막한 세상에서 '가족적'이라는 말처럼 정감 있는 말은 없다. 가족은 잘못이 있어도 서운한 일이 있어도 사랑으로 용서할 수 있다. 즐거운 일이 있으면 함께 즐거워하고, 슬픈 일이 있으면 함께 슬퍼한다. 예수님의 십자가는 모든 사람을 성별과 지위에 관계없이 화목한 하나님의 가족이 되게 한 것이다.

이처럼 그리스도인으로서 누리는 모든 복은 십자가와 연결되어 있다. 십자가의 은혜와 상관없는 그리스도인은 없다. 그러므로 하나님의 자녀가 섬김의 삶을 사는 것은 지극히 당연한 일인 것이다. 십자가의 은혜가 얼마나 대단한가를 알았던 바울 사도의 고백이 우리 모두의 고백이 되어야 할 것이다.

"내가 너희 중에서 예수 그리스도와 그가 십자가에 못 박히신 것 외에는 아무 것도 알지 아니하기로 작정하였음이라"(고전 2:2)

"그러나 내게는 우리 주 예수 그리스도의 십자가 외에 결코 자랑할 것이 없으니 그리스도로 말미암아 세상이 나를 대하여 십자가에 못 박히고 내가 또한 세상을 대하여 그러하니라"(갈 6:14)

"예수를 보고 부르짖으며 그 앞에 엎드려 큰 소리로 불러 이르되
지극히 높으신 하나님의 아들 예수여 당신이 나와 무슨 상관이
있나이까 당신께 구하노니 나를 괴롭게 하지 마옵소서 하니"

눅 8:28

#4

섬김으로
누리는 자유

예수님은 이 땅에서 사람들에게 자유를 주시기 위해 섬기셨다

#4

예수님께서 이 땅에 오셔서 우리에게 주신 것 중에 하나가
바로 자유이다. 사람은 자유를 원하나 사실은 자신을 구속시키
고 있다. 구속받고 살면서도 자유라고 착각한다.

사람은 죄를 지으면서 그것이 자유라고 생각한다, 자신을 자
유하게 할 것이라는 착각 때문에 죄를 쉽게 범한다. 그러나 죄
는 결국 얽매이게 하고 부자유스럽게 만든다.

예수님이 가시는 곳에는 항상 많은 사람이 모여들었다. 그들
대부분은 영적인 병으로 혹은 육체의 병으로 고통을 당하는 자
들이었다. 그들은 예수님을 만나므로 자유를 얻었다. 그리고 세
상이 주지 못하는 평안함을 얻었다. 예수님은 이 땅에서 사람들
에게 자유를 주시기 위해 섬기셨다.

"진리를 알지니 진리가 너희를 자유롭게 하리라"(요 8:32)

"평안을 너희에게 끼치노니 곧 나의 평안을 너희에게 주노라
내가 너희에게 주는 것은 세상이 주는 것과 같지 아니하니라 너
희는 마음에 근심하지도 말고 두려워하지도 말라"(요 14:27)

사람은 누구나 질병이나 자연 앞에서 무기력해진다. 그래서
질병이나 자연을 극복하기 위해 끊임없는 노력을 하고 있다.

성경에는 사람을 괴롭히는 귀신을 예수님이 쫓아내시는 내
용이 여러 곳에서 나온다.

많은 사람이 귀신으로부터 벗어나기 위해 노력하고 있다. 점
을 보거나 굿을 하는데 많은 돈을 쓴다. 부적을 사거나 특별비
방을 해서 귀신을 물리치려 한다,

누가복음 8장은 귀신들린 사람에 대해 기록하고 있다. 거라
사 지방에 사는 사람으로 귀신의 포로가 되어 귀신의 뜻대로 산
사람이다. 귀신들린 사람은 정상적인 모습이 아니다. 귀신에 의
해 인생이 망가진 것이다. 귀신들린 사람의 모습 속에서 죄 가
운데 거하는 사람들의 특성을 살펴볼 수 있다.

#1

죄에 대한
무감각

죄에 물들어 살아가는 사람은 부끄러움을 모른다. 오히려 뻔뻔하고 당당하다. 죄를 짓고도 그것이 자유라고 말한다. 죄를 짓고 나면 죄의식이 생기고 부끄러워해야 정상적인 사람이라고 할 수 있다. 아담과 하와가 선악과를 따먹은 후 그들은 자신이 벗었음을 알고 부끄러워했다. 귀신들린 사람은 옷을 입지 않아도 부끄러운 줄 모른다. 부끄러운 것을 부끄럽게 여기지 않고 분별력을 잃고 사는 것이다. 귀신은 인격을 철저히 파괴시킨다. 정상적인 판단과 이성을 망가뜨린다.

> "그들이 갈릴리 맞은편 거라사인의 땅에 이르러 예수께서 육지에 내리시매 그 도시 사람으로서 귀신 들린 자 하나가 예수를 만나니 그 사람은 오래 옷을 입지 아니하며 집에 거하지도 아니하고 무덤 사이에 거하는 자라"(눅 8:26~27)

귀신 든 사람은 자신이 거해야 할 처소를 분별하지 못한다. 산 사람이 집에서 살지 않고 죽은 사람들의 무덤 사이에서 살고 있었다. 죄 속에 거하게 되면 가야 할 곳과 가지 말아야 할 곳을 분별하지 못하는 것이다. 귀신은 사람을 죄 속으로 몰아가고 죄를 지어도 정당화 한다. 자신의 욕심을 위해서는 수단과 방법을 가리지 않는다.

귀신 든 사람에게는 꿈도 없고 비전도 없다. 짐승처럼 산다. 온순한 것처럼 하다가 야수처럼 변하기도 한다. 귀신이 사람의 인격을 철저히 파괴시키기 때문이다.

#2

거짓
믿음

귀신도 예수님을 안다. 누가복음 8장 28절에서 귀신이 예수님을 '높으신 하나님의 아들'이라고 부른다.

> "예수를 보고 부르짖으며 그 앞에 엎드려 큰 소리로 불러 이르되 지극히 높으신 하나님의 아들 예수여 당신이 나와 무슨 상관이 있나이까 당신께 구하노니 나를 괴롭게 하지 마옵소서 하니"(눅 8:28)

귀신은 예수님을 알지만 예수님을 믿지 않는다. 단지 지식적으로 아는 것뿐이다. 귀신은 예수님을 두려워하지만, 예수님의 뜻대로 살지 않는다. 알지만 도무지 행하지 않는다. 무당들도 예수님이 자기들이 믿는 신보다 훨씬 위대한 분이라는 사실을 인정한다.

교회 안에도 예수님에 대해 지식적인 믿음을 가진 자들이 있다. 그들은 다 아는 것처럼 말한다. 그러나 행하지 않는다. 교회에 나오는 사람들 중에는 단지 불안해서 나오는 자들도 있다. 예배드리지 않으면 무슨 일이 일어날 것 같은 두려움 때문에 나오는 것이다. 지식적으로는 알지만, 예수님을 실제로 인정하지 않기에 말씀을 보거나 듣는 것으로 끝난다. 이런 자는 예수님을 인생의 주인으로 인정하지 않는다. 단지 아는 것 자체가 믿음이라고 생각한다.

"이와 같이 행함이 없는 믿음은 그 자체가 죽은 것이라"(약 2:17)

"아아 허탄한 사람아 행함이 없는 믿음이 헛것인 줄을 알고자 하느냐"(약 2:20)

현세적인 믿음, 기복적인 믿음도 거짓 믿음이다. 단지 이 땅에서 잘 되기 원해서, 복을 구하기 위해 교회 나오는 사람들이다. 이런 자들은 예수님이 누구신지, 무슨 일을 하셨는지에 대해 관심이 없다. 내가 원하는 것을 이루는 것, 복만 받으면 된다는 생각으로 가득 차 있다.

#3
예수님이 주신
자유

예수님은 영적 세력을 다스리는 왕의 권세를 가지셨다.
귀신에 사로잡힌 한 영혼을 구하시기 위해 이천 마리나 되는 돼지를 몰사시킨 사건이 마가복음 5장 13절에 나온다.

"허락하신대 더러운 귀신들이 나와서 돼지에게로 들어가매 거의 이천 마리 되는 떼가 바다를 향하여 비탈로 내리달아 바다에서 몰사하거늘"(막 5:13)

돼지 한 마리 가격을 40만 원으로 계산한다면 돼지 이천 마리의 가격은 8억 원이다. 한 영혼을 돈으로 계산할 수 없다. 천하보다 귀하기 때문이다. 예수님은 거라사의 귀신들린 사람에게 자유를 주셨다. 이 사람은 예수님을 통해 정상인이 되었다. 온전하게 되었다. 예수님께서 새 생명을 주신 것이다. 예수님 만나기 전에 짐승같이 살던 삶은 180도로 바뀌었다. 이제 구원받은 자로 살게 된 것이다. 이 놀라운 사건을 보며 사람들은 두려워하였다.

"사람들이 그 이루어진 일을 보러 나와서 예수께 이르러 귀신 나간 사람이 옷을 입고 정신이 온전하여 예수의 발치에 앉아 있는 것을 보고 두려워하거늘"(눅 8:35)

이 사건으로 거라사 지역에서는 일대 소동이 일어났다. 귀신들린 사람이 온전하게 된 사건은 예수님께서 하나님의 아들이심을 보여주신 경이로운 사건이었기 때문이다.

예수님은 천하보다 귀한 영혼을 구원하시기 위해서 자신의 생명을 제물로 내어주셨다. 온갖 모욕과 수치를 당하시면서 낮고 천한 인간의 모습으로 이 땅에 오셔서 섬김의 삶을 사셨다. 그리고 십자가에 죽으심으로 우리를 죄로부터 구원하시고 참 자유를 주셨다.

4

소명에 대한
확인

예수님의 섬김으로 자유를 누리고 사는 자는 이 세상에서 가장 행복한 자이다, 예수님의 섬김이 아니었으면 우리는 죄의 포로로 살 수밖에 없었다. 말로 표현할 수 없는 은혜를 입은 것이다.

오늘날 많은 사람이 겉으로는 행복한 척, 깨끗한 척하지만 알고 보면 고통과 외로움 속에 살기도 하고 짐승보다 못한 짓을 하며 사는 사람도 많다. 악한 귀신에 의해 더럽혀진 상태에서 사는 사람들이 많은 것이다. 죄의 권세, 귀신의 권세 아래서 벗어날 수 있는 길은 오직 한 길밖에 없다. 예수 그리스도를 믿으면 된다. 예수님이 우리를 위해 섬겨주신 사랑을 받아들이기만 하면 된다. 예수님을 믿으면 인생이 바뀐다.

예수님은 우리에게 지체하지 말고 이 기쁜 소식을 전하라고 하셨다. 예수님을 믿고 자유를 누리고 있다면 생애 가장 중요한 일, 가장 우선순위가 예수님을 전하는 일이 되어야 한다. 복음을 전하는 것은 예수님의 사랑의 섬김을 받은 자의 당연한 도리인 것이다.

#5

섬김을 통해
이루어 가는 비전

예수님을 믿고 세상을 볼 때 삶의 목적을 분명히 알 수가 있다

#5

우리가 맨눈으로 하늘을 보면 하늘의 별을 자세히 볼 수 없다. 그러나 천체망원경을 통해서 보면 보고자 하는 별을 자세히 볼 수 있다. 이처럼 예수님을 믿고 예수님을 통해 세상을 볼 때 삶의 목적을 분명히 알 수가 있다.

사도 바울은 열심히 살았다. 세상 사람들이 볼 때 성공한 자의 위치에 오른 사람이라고 할 수 있다. 그러나 놀랍게도 그의 삶에 대해 이렇게 고백했다.

"또한 모든 것을 해로 여김은 내 주 그리스도 예수를 아는 지식이 가장 고상하기 때문이라 내가 그를 위하여 모든 것을 잃어버리고 배설물로 여김은 그리스도를 얻고"(빌 3:8)

바울은 예수님을 믿은 이후에 이 세상 그 어떤 것도 예수님을 아는 것과 비교가 되지 않음을 깨달았다. 그래서 예수 그리스도를 위하여 나는 모든 것을 버렸다고 말한다. 모든 것이 쓰레기처럼 아무런 가치가 없다는 것을 알았기 때문임을 고백하고 있다.

바울은 예수님을 만난 이후 삶의 방향과 목적이 완전히 바뀌었다. 자신을 위해 살던 삶이 다른 사람을 위한 삶으로 바뀌었다. 섬김을 받고 살던 사람이 섬기는 자로 바뀌었다. 예수님을 통한 죄 사함의 은혜가 그를 바꾼 것이다. 예수님의 너무나 큰 사랑 때문에 죄 용서 받았음을 감격한 바울은 목적 있는 삶을 살게 된 것이다.

이처럼 예수님의 섬김으로 구원받은 감격을 가진 자는 단지 구원받은 것으로만 만족하지 않는다. 받은 사랑을 다른 사람에게도 나누어 주는 섬김의 삶을 살게 된다.

#1
바울의
비전

바울은 예수님을 믿은 후 사람들에게 예수님의 십자가와 부활을 전하기로 작정했다. 바울의 선교 비전은 대단했다. 그가 전한 선교 지역은 참으로 광범위하다. 예수님을 믿은 후 3년간 아라비아에 있다가 그 후 그곳에서의 적대감으로 다소라는 곳으로 향한다. 몇 년 후 바나바의 부름으로 안디옥에서 사역하게 된다.

제1차 선교는 48년경 구브로의 유대인에게서 시작하여 바보, 버가, 비시디아, 이고니온, 더베, 안디옥, 수리아 등에서 복음을 전한다.

제2차 선교는 바나바와 함께 사역하며 갈라디아교회를 방문한다. 이때 청년 디모데를 알게 된다. 철학자들 앞에서 강론하기도 하고 고린도에서 아굴라와 브리스길라 부부를 전도하여 가정교회를 시작한다.

제3차 선교는 갈라디아와 브르기아 땅에서 제자들을 굳게 하고 3년간 에베소에서 사역한다. 그러는 동안 유대인에 의해 고소를 당하여 60년경 로마로 보내진다. 2년 후 석방되어 에베소 등에서 사역하다가 네로의 박해 당시에 로마감옥에 갇혀서 에베소서, 빌립보서, 골로세서, 빌레몬서등을 쓰게 된다. 두 번째 투옥 때는 디모데후서를 기록하고, 66년경 로마에서 목이 잘려져 순교를 당하게 된다.

바울의 선교지를 다니다 보면 그의 전도열정과 수고에 혀를 내두를 정도다. 요즘처럼 교통이 발달하지 못한 시기였기에 얼마나 힘들었을까를 짐작해 볼 수 있다. 그렇다면 바울이 이렇게 섬김의 삶을 살 수 있었던 이유가 무엇일까?

#2
분명한
삶의 목표

하나님께서 우리를 불러 주신 이유가 있다. 단지 이 세상에 왔다가 갔다는 기록만 남기기 위해서 우리를 이 땅에 보내신 것이 아니다.

일본강점기 때 우리 백성들의 꿈은 해방이었다. 꿈을 품은 그들의 삶이 어떠했는가? 그들은 조국의 해방을 위해 여러 방면에서 온갖 노력을 다했다. 해방을 위해 사업가로서, 정치인으로서, 학자로서 맡은 역할을 감당하기 위해 노력했다.

그리스도인은 모두 주님께서 보여 주신 푯대를 향해 달려야 한다. 재능과 은사는 달라도 하나님께서 각 개인과 각 교회에 주신 목표는 같다. 하나님께서 개인과 교회를 사용하시는 방법은 달라도 하나님이 원하시는 목표는 같은 것이다.

바울은 목표를 향해 달렸다. 바울은 분명한 삶의 목표를 발견하고 열정을 불태웠다. 목적지에 도착했을 때 자신에게 주실 상이 있음을 알고 달렸다.

"푯대를 향하여 그리스도 예수 안에서 하나님이 위에서 부르신
부름의 상을 위하여 달려가노라"(빌 3:14)

오래전 뉴욕의 한 의사가 뉴욕에 사는 15,321명의 남자환자를 대상으로 연구한 결과 이 사람들의 발병 원인이 인생에 대한 가치관과 목표가 뚜렷하지 못하다는 결론을 내렸다. 그리고 뚜렷한 목표는 힘의 근원이 되고 문제를 극복할 수 있는 원동력이 되어 건강에 도움을 주고 오래 살 수 있는 이유가 된다고 했다.

나폴레옹은 이런 말을 했다.

"나는 오직 목표만 본다. 장애물은 생기는 대로 없애면 되기
때문이다."

아버지와 아들이 쟁기질을 하고 있었다. 그런데 아버지가 만든 밭고랑은 똑발랐지만, 아들이 만든 고랑은 구부러졌다. 알고

보니 아들은 풀을 뜯는 황소를 기준으로 해서 밭고랑을 일구었고 아버지는 나무를 보면서 밭고랑을 일구었기 때문이었다. 목표를 움직이지 않는 것에 두어야 한다.

세 종류의 사람이 있다. 목표 없이 되는대로 사는 사람, 움직이는 세상 것들을 목표 삼는 사람, 그리고 영원히 변하지 않는 하나님께 소망을 두고 사는 사람이 있다. 하나님께 소망을 두고 사는 사람은 어떤 장애물도 뛰어넘어 세상을 섬기며 하나님의 뜻을 이루어 드리는 삶을 살 것이다.

#3
전력
투구

바울의 섬김이 다른 사람보다 많은 열매로 나타나는 이유는 목표를 향한 달음질이라고 할 수 있을 것이다.

바울은 목표를 향해 달리면서 다 이루었다고 생각하지 않았다. 오직 목표를 향해 달려갈 뿐이었다. 빌립보서 3장 12절을 보면 이 사실을 잘 알 수 있다.

"내가 이미 얻었다 함도 아니요 온전히 이루었다 함도 아니라 오직 내가 그리스도 예수께 잡힌 바 된 그것을 잡으려고 달려가노라"(빌 3:12)

'달려가노라'의 뜻은 '전력투구하다'의 뜻이다. 하나님께서 맡겨 주신 일에 그가 얼마나 최선을 다했는가를 알 수 있다.

맡은 일을 대충 하는 것은 악한 것이다. 특히 게으른 자는 시간을 도둑질하는 자이다.

에베소서 5장 16절에서 "세월을 아끼라 때가 악하니라"고 말씀한다. '아끼다'의 뜻은 '사들이다'는 뜻으로 '시간을 돈을 주고 사라'는 것이다. 그만큼 세월은 가치가 있다.

예수님은 하늘과 땅의 모든 권세를 가지셨지만 전력투구하셨다. 인생에 주어진 시간이 그렇게 길지 않음을 알아야 한다.

#4
과거에 대한
정리

세상에서는 이력서를 중요하게 생각한다. 우리나라 사람들은 과거에 관심이 많다. '어느 가문 출신인가?' '부모님이 누군가?' '어떤 일을 했는가?' 과거를 통해 현재를 보려고 한다. 그리고 미래도 단정 지어버린다.

그러나 하나님은 그런 분이 아니시다. 과거가 어떠하든 관계없이 미래를 긍정적으로 보신다. 과거 때문에 미래를 막으시지 않는다.

예수님의 제자들을 보면 이력서가 화려한 사람들은 아무도 없다. 다 보통 사람들이다. 중요한 것은, 예수님의 손에 붙잡힌 순간부터 인생이 달라지기 시작한 것이다. 목표를 발견한 사람은 과거에 얽매이지 않는다. 과거를 깔끔하게 정리하지 않고는 앞으로 나아갈 수 없다.

과거에 나를 지탱해준 자랑거리도 과감히 버려야 한다. 과거의 명예와 지위, 부유함이 미래로 나아가는 데 방해가 되어서는 안 된다. 매일 옛날을 자랑하고 왕년을 내세우는 사람은 대개 현재가 보잘것없는 사람이다. 명예나 지위는 우리의 가치를 나타내는 것이 아니다. 과거에 우리의 자리가 가치를 나타내는 것이 아니다. 지금 내가 어떤 자세로 삶을 사느냐 하는 것이 중요한 것이다. 이런 사람이 사도 바울이 말한 '앞에 있는 것을 잡으려고'하는 자이다.

실패한 대통령이라고 불리는 미국의 카터 대통령은 대통령 자리를 물러났지만, 노구를 이끌고 망치를 들고 어려운 사람들을 위해 집을 짓는 일에 참석하였다. 그는 사람들로부터 존경을 받았다.

집 안 청소를 잘하는 사람과 지저분하게 사는 사람의 차이는 버리는데 있다. 과감하게 버리는 사람의 집은 깨끗하다. 과거의 것을 잊어버리고 목표를 향해 힘껏 달려야 한다. 빌립보서 3장 13절에서 바울을 이렇게 말하고 있다.

"형제들아 나는 아직 내가 잡은 줄로 여기지 아니하고 오직 한 일 즉 뒤에 있는 것은 잊어버리고 앞에 있는 것을 잡으려고"(빌 3:13)

하나님은 과거를 잘 정리한 사람을 사용하셨다. 삭개오는 예수님을 만난 후 자신의 과거를 깨끗이 정리했다.

"삭개오가 서서 주께 여짜오되 주여 보시옵소서 내 소유의 절반을 가난한 자들에게 주겠사오며 만일 누구의 것을 속여 빼앗은 일이 있으면 네 갑절이나 갚겠나이다"(눅 19:8)

요셉은 자신의 처지를 낙심하거나 복수의 칼을 가는 데 사

용하지 않았다. 다르게 생각했다. 하나님께서 나를 이곳으로
보내실 때는 뜻이 있겠지! 과연 그랬다. 요셉은 이처럼 다르게
살았다.

하나님의
약속에 대한 확신

하나님의 약속을 믿고 나아가면 반드시 목표를 이루게 되어
있다. 바울이 예수 믿기 전에는 사악한 자였다. 스데반이 돌에
맞아 죽을 때 가장 앞장을 섰다. 그런데 그는 예수 믿은 후 수많
은 사람에게 복음을 전했다. 그를 통해 예수님을 믿은 자가 얼
마나 많은지 모른다. 후대 사람들에게 얼마나 큰 영향력을 끼쳤
는지 모른다.

예수님을 믿으면 그리스도 안에서 새로운 인생이 시작된다.
과거가 어떠했든지 주님께서는 귀하게 사용해 주신다. 오염되
어 냄새나던 사도 바울은 예수 그리스도로 새롭게 되어 기독교
역사상 가장 위대한 사도가 되었다.

우리는 승리자이신 예수님을 믿는다. 예수님을 믿는 순간 새

로운 미래, 약속된 미래가 열렸다. 예수님은 단 한 번도 사탄에게 패배하지 않으셨다. 우리에게 승리를 보장해 주셨다. 그분은 우리가 약속을 믿고 나아갈 때 반드시 함께하신다. 그리스도인은 이미 승리를 약속받고 앞엣것을 잡기 위해 달려가는 자이다.

"그런즉 누구든지 그리스도 안에 있으면 새로운 피조물이라 이전 것은 지나갔으니 보라 새 것이 되었도다"(고후 5:17)

"그러므로 형제들아 내가 하나님의 모든 자비하심으로
너희를 권하노니 너희 몸을 하나님이 기뻐하시는
거룩한 산 제물로 드리라 이는 너희가 드릴 영적 예배니라"

롬 12:1

#6

예배와
섬김

사 람 은 예 배 를 통 해 그 등 급 이 매 겨 진 다

#6

예배와 관계된 원어인 헬라어는 '라트레이아'에서 유래되었는데 '하나님의 사역' '신적인 봉사'의 의미가 있다. 또 다른 관계원어인 '라트뤼오'는 '하나님께 봉사하다' '섬기다' '종교적인 경의를 표하다'의 뜻에서 유래하고 있다.

이렇게 '예배'에는 '하나님을 섬긴다'는 의미가 내포되어 있다. 그러므로 하나님이 기뻐하시는 예배자가 하나님을 올바르게 섬기는 자인 것이다.

하나님께서 원하시는 섬김이란 하나님과 바른 관계를 맺고 예배로부터 섬김이 시작되어야 함을 알 수 있다. 신령과 진정으로 예배드리는 예배자, 하나님을 진정으로 찬양하고 하나님의 은혜를 사모하는 자가 섬김의 사람이 될 수 있기에 예배와 섬김은 따로 떼 놓을 수 없는 것이다.

누군가 예배에 대해 이렇게 말하고 있다.

"사람은 예배를 통해 그 등급이 매겨진다."

이는 예배가 얼마나 중요한가를 말한 것이라고 할 수 있다.

#1
하나님이
기뻐하시는 예배

로마서 12장 1~2절에서 예배에 대해 권고하고 있다. 그 근거는 바로 하나님의 자비하심이다. 자비란 억지로 하는 것이 아니다. 가장 소중한 것을 상대방에게 주는 구체적인 행동을 말한다. 다른 사람을 사랑하고 고통을 나누는 힘이다.

자비를 나타내는 단어는 자궁을 뜻하는 단어에서 파생된 것이다. 이것은 어머니 자궁으로부터 나온 아기에 대해 어머니만이 가지는 온정이 넘치는 사랑이라고 한다. 하나님의 자비하심을 한마디로 표현하면, 우리를 너무나 사랑하셔서 외아들 예수님을 이 땅에 보내시고 십자가에 못 박아 죽이시면서까지 우리를 사랑하신 것이다.

하나님의 사랑은 한계가 없다. 말로 표현할 수 없는 너무나 큰 사랑을 베풀어 주셨다. 하나님의 엄청난 사랑을 받았기에 우리의 몸으로 하나님께서 기뻐하시는 예배를 드려야 한다.

"그러므로 형제들아 내가 하나님의 모든 자비하심으로 너희를 권하노니 너희 몸을 하나님이 기뻐하시는 거룩한 산 제물로 드리라 이는 너희가 드릴 영적 예배니라"(롬 12:1)

몸을 드린다는 것은 전적인 헌신을 말한다. 그리고 몸이 활동하는 모든 분야를 말한다. 우리가 불신자와 다른 점이 있다면 바로 살아계신 하나님께 예배를 드리는 것이다. 이스라엘 백성들과 이방인들의 차이가 바로 하나님께 드리는 제사였다. 이처럼 구원받은 백성이 된 우리는 하나님께 예배드릴 수 있는 특권이 있다.

오늘날 성도들은 예배를 자주 드리기에 예배의 중요성을 망각할 수 있다. 습관적으로 또는 생활의 일부 정도로 받아들일 수 있다. 하나님은 예배를 너무나 중요하게 여기시기에 신령과 진정으로 예배드리는 자를 찾으신다.

"아버지께 참되게 예배하는 자들은 영과 진리로 예배할 때가 오나니 곧 이 때라 아버지께서는 자기에게 이렇게 예배하는 자들을 찾으시느니라"(요 4:23)

당시 사마리아인들과 이방인들은 자기들의 신인 우상에게 제사를 드리고 있었다. 예배는 오직 살아계신 하나님께 드려야 한다. 예배를 드린다고 하면서도 하나님의 자리에 자신이 앉아 있고, 자신의 욕심을 채우기 위한 야망이 하나님의 자리에 앉아 있을 수도 있다. 예배에 참여하면서 단지 복 받기만 원한다면 하나님을 복 받기 위한 수단으로 삼는 것이다. 좋은 직장, 좋은 배우자를 위해서 예배를 드린다면 하나님을 예배의 대상이 아니라, 자신의 필요를 채워주는 수단으로 여기는 것이다.

또한 하나님을 향한 사랑과 존경의 마음이 없는 껍데기뿐인 예배를 하나님은 싫어하신다. 하나님은 마음과 정성을 드리는 예배를 기뻐하신다. 진정한 예배를 드릴 때 직접 오셔서 받아주신다. 그리고 직접 강림하셔서 복 주시겠다고 하셨다.

"내게 토단을 쌓고 그 위에 네 양과 소로 네 번제와 화목제를 드리라 내가 내 이름을 기념하게 하는 모든 곳에서 네게 임하여 복을 주리라"(출 20:24)

하나님께 마음을 다해 찬양하며 감사하는 예배를 드려야 한다. 그리고 회개하므로 사죄의 은총을 받아야 한다. 말씀을 통한 결단과 간절한 기도를 통해 하나님의 응답을 받는 은혜를 누려야 한다.

진정한 예배자인지 매일 자신을 살펴서 습관적이고 형식적인 예배는 몰아내 버려야 한다. 하나님은 형식적인 예배를 싫어하시기 때문이다. 이사야 1장11~13절에서 말씀하고 있다.

"여호와께서 말씀하시되 너희의 무수한 제물이 내게 무엇이 유익하뇨 나는 숫양의 번제와 살진 짐승의 기름에 배불렀고 나는 수송아지나 어린 양이나 숫염소의 피를 기뻐하지 아니하노라 너희가 내 앞에 보이러 오니 이것을 누가 너희에게 요구하였느냐 내 마당만 밟을 뿐이니라 헛된 제물을 다시 가져오지 말라 분향은 내가 가증히 여기는 바요 월삭과 안식일과 대회로 모이는 것도 그러하니 성회와 아울러 악을 행하는 것을 내가 견디지 못하겠노라"(사 1:11~13)

2

창조주 하나님께
드리는 예배

하나님이 기뻐하시는 예배를 드리기 원한다면 먼저 하나님과 인간의 차이부터 인정해야 한다. 하나님은 창조주이시다. 우리를 지으신 분이다. 창조주이신 하나님 앞에서 피조물인 인간이라는 사실을 망각하지 말아야 한다.

창조주 하나님 앞에 나아가는 것은 한 나라의 왕 앞에 나아가는 것과 비교조차 할 수 없다. 온전한 정신을 가진 자라면 왕 앞에 나갈 때 최고의 준비를 한다. 얼굴, 머리, 옷차림 등 머리부터 발끝까지 단장하고 마음가짐을 단단히 하고, 왕에게 합당한 선물을 준비한다.

그렇다면 하나님께 예배드리는 자는 얼마나 더 준비해야 하겠는가? 창조주 하나님의 우리를 지극히 사랑하시는 마음을 알고 그 사랑에 감사하고 감격하는 마음과 자세로 나아가야 한다.

"여호와의 이름에 합당한 영광을 그에게 돌릴지어다 예물을 들고 그의 궁정에 들어갈지어다 아름답고 거룩한 것으로 여호와께 예배할지어다 온 땅이여 그 앞에서 떨지어다"(시 96:8~9)

우리가 예배드릴 때마다 창조주이시며 우리를 사랑하셔서 생명까지 주신 하나님께 나아간다는 사실을 깊이 인식한다면 우리의 예배는 진정 하나님을 만나는 예배가 될 것이다. 하나님께서 강림하셔서 복 주시는 은혜를 경험하게 될 것이다.

#3

삶으로
드리는 예배

하나님께서 요구하시는 예배는 단지 예배 시간만 하나님을 기쁘시게 해 드려야 한다는 것이 아니다. 삶의 예배를 드리는 자가 되어야 한다. 즉 우리의 삶이 예배가 되어야 한다는 것이다.

오늘날 성도들이 세상의 힘 앞에 밀리는 이유가 경건한 의식은 있지만 경건한 삶이 부족하기 때문이다. 성경은 우리 몸을 하나님께서 기뻐하시는 거룩한 산제사로 드리라고 말씀하셨다. 몸을 드린다는 것은 전적인 헌신을 말한다. 그리고 몸이 활동하는 모든 분야를 말한다. 성도들은 살아가는 삶의 현장에서도 하나님께 드려지는 제물이기에 예배자로 살아야 한다.

죄로부터 자신을 지키고 죄와 싸워 이겨야 한다. 세상 사람들처럼 죄와 연합해서는 안 된다. 히브리서 12장 4절에서는 이렇게 말씀하고 있다.

"너희가 죄와 싸우되 아직 피흘리기까지는 대항하지 아니하고"
(히 12:4)

우리는 죄와 피흘리기까지 싸워야 한다. 하나님께 드려지는 제물임을 알고 거룩함을 위해 최선의 노력을 다해야 한다.

구약의 제사장들이 입던 옷은 상징적인 의미를 가지고 있었다. 하나님께 나아가는 구별된 사람들이기에 거룩한 옷을 만들었다고 했다.

"그들은 여호와께서 모세에게 명령하신 대로 청색 자색 홍색
실로 성소에서 섬길 때 입을 정교한 옷을 만들고 또 아론을 위
해 거룩한 옷을 만들었더라"(출 39:1)

왕 같은 제사장인 성도들은 모두 거룩한 삶을 살아야 한다는 것이다. 분명하게 구별된 삶을 살아야 하는 것이다.

하나님은 삶의 예배를 받으시기를 원하신다. 삶의 현장이 예배의 자리임을 잊지 말아야 한다. 하나님은 우리의 삶을 보신다.

예배와 삶이 분리되어서는 안 된다. 예배드릴 때는 거룩한 것 같은데 삶의 현장에서는 부도덕하고 불성실하다면 하나님이 기뻐하시는 예배자라고 할 수 없다.

그러므로 우리는 하나님 앞에서 언제나 제물임을 한시도 잊지 말아야 한다. 예배당에서는 제물이지만 직장에 나가서는 카멜레온처럼 변해서는 안 된다.

로마서 12장 2절에서 생활의 전 영역에서 하나님을 기쁘시게 해 드리는 거룩한 제물의 삶에 대해 구체적으로 말씀하신다.

"너희는 이 세대를 본받지 말고 오직 마음을 새롭게 함으로 변화를 받아 하나님의 선하시고 기뻐하시고 온전하신 뜻이 무엇인지 분별하도록 하라"(롬 12:2)

이 세대를 본받지 말라고 말씀하신다. 그리스도인은 이 세대를 본받는 자가 아니다. 세상의 권력과 돈 앞에 끌려가는 자가 아니라. 비록 돈과 권력은 없어도 세상에 더 큰 영향력을 끼치는 거룩한 리더들이 되어야 하는 것이다. 세상이 아무리 변해도 하나님의 거룩한 제물로서의 자세로 살아야 한다.

오래전에 교회 차가 다른 차에 받혀서 수리해야 했는데 그때 레커차가 모 정비업체로 끌고 갔다. 정비업체 대표가 음료수를 사 들고 와서 자신은 어느 교회 집사인데 잘 고쳐 주겠다고 하기에 그렇게 하라고 했는데 나중에 보니 얼렁뚱땅 고쳐서 오히려 차를 못 쓰게 만든 것을 보았다.

그리스도인은 성실하게 섬기는 자세로 일해야 한다. 일시적인 욕심을 채우기 위해 눈속임하고 부정한 재료를 사용해서는 안 된다. 이익을 적게 남겨도 정직하고 성실하게 살면 하나님의 영광을 드러내고 세상을 변화시킬 수 있는 것이다.

#4

하나님의 뜻을
분별하는 자

진정한 예배자가 되기 위해서는 하나님의 뜻을 분별해야 한다. 하나님의 선하시고 기뻐하시고 온전하신 뜻이 무엇인지 분별해야 한다.

일반적으로 사람들은 열심히 기도하고 봉사하면 좋은 믿음을 가졌다고 본다. 물론 좋은 믿음일 수 있다. 그러나 여기에 분별력이 없다면 좋은 믿음이 아니다. 평화롭고 아름답던 에덴동산은 하와의 잘못된 분별력으로 평화가 사라지고 두려움의 장

소로 바뀌고 말았다. 하와에게 부족한 것은 분별력이었다. 분별력이 없으면 사탄의 유혹에 넘어가게 된다. 분별하지 못하면 하나님의 뜻들 드러낼 수 없다. 오히려 사탄의 뜻이 드러난다. 하나님의 뜻을 분별하지 못하면 불순종의 삶을 살게 되는 것이다.

그러므로 우리는 하나님 말씀을 가까이해야 한다. 분별력은 하나님의 말씀을 통해 얻게 된다. 말씀을 매일 묵상하고 성령의 인도하심을 받아야 한다.

"여호와의 율법은 완전하여 영혼을 소성시키며 여호와의 증거는 확실하여 우둔한 자를 지혜롭게 하며"(시 19:7)

"주의 계명들이 항상 나와 함께 하므로 그것들이 나를 원수보다 지혜롭게 하나이다"(시 119:98)

하나님 말씀을 통해 분별력을 가지고 세상의 죄와 유혹을 이기는 제물로 살 때 하나님이 기뻐하시는 예배자가 될 것이다.

"여호와는 나의 빛이요 나의 구원이시니 내가 누구를 두려워하리요
여호와는 내 생명의 능력이시니 내가 누구를 무서워하리요"

시 27:1

자녀를 향한
부모의 섬김

예 수 님 의   생 애 는   철 저 히   섬 기 는   삶 이 었 다

#7

예수님께서는 이 땅에 "섬기러 왔다"고 하셨다. 섬김은 예수님이 이 땅에 오신 목적으로 예수님의 생애는 철저히 섬기는 삶이었다. 예수님의 섬김의 절정은 인간의 죄를 대신하여 대속물이 되신 십자의 죽으심이다. 예수님의 죽으심으로 죄인인 인간이 하나님께 나아갈 수 있게 하셨을 뿐 아니라 구원이라는 선물까지 안겨 주셨다.

예수님의 섬김은 우리에게 영적 유익을 주기 위함이었다. 그렇다면 부모와 자녀 사이에 섬김이라는 말을 사용할 수 있을까? 사랑이라면 몰라도 섬김이라는 말이 어색할 수 있다. 그러나 부모가 자녀를 믿음의 사람으로 키우기 위해 헌신하고 열정을 쏟았다면 섬김이란 말이 전혀 어색하지 않을 것이다.

믿음 안에서의 섬김은 영적으로 유익을 준다. 부모가 자녀를 위해 희생하지만, 주님의 뜻과 관계없이 자신의 욕심이나 만족, 세상의 기준에 맞추기 위한 잘못된 열심이라면 섬긴다고 표현할 수는 없을 것이다.

많은 부모들이 자녀가 잘되기를 원한다. 그러나 잘되고 출세하는 것 자체에 목적을 두고 명예와 영광만을 추구하며 가르칠 때 세상에서 영향력을 끼칠 수 없다. 그리스도인이라면 자녀가 세상을 이기고 변화시키는 사람이 되기를 원해야 한다.

#1
부모의
믿음

세상을 변화시키는 믿음의 자녀로 키우기 위해서 가장 중요한 역할을 하는 사람은 부모일 것이다. 부모가 자녀에게 무엇을 보여주고 무엇을 심어 주느냐 하는 것은 그 자녀의 미래를 결정하는 중요한 역할을 한다.

이 세상에는 각 분야에서 믿음의 사람이 필요하다. 우리의 자녀들을 믿음의 자녀로 키워야 한다.

성경에는 자녀를 믿음의 사람으로 키우기 위해 헌신적으로 섬긴 믿음의 부모들이 많이 나온다.

애굽의 총리를 지낸 요셉이 죽은 후에 이스라엘 백성들의 숫자는 계속해서 많아졌다. 70명에 불과했던 야곱의 가족이 430년 후에는 장년 남자만 60만 명에 이르렀고, 인구는 이삼백만 명에 이르는 엄청난 숫자로 불어났다. 위기를 느낀 애굽왕은 태어나는 이스라엘의 남자아이들은 모두 죽이라고 명령을 내린다. 이런 살벌한 시대에 한 가정이 있었다. 아므람이라는 남자와 요게벳이라는 여자가 결혼해서 1남 1녀를 두고 있었다. 그런데 사내아이 하나가 또 한 명 태어났다. 이 아이가 바로 모세다. 이스라엘 백성을 이끌고 가나안으로 갔던 이스라엘의 지도자 모세인 것이다.

모세를 키운 모세 부모에 대한 평가가 히브리서 11장 23절에 기록되어 있다.

"믿음으로 모세가 났을 때에 그 부모가 아름다운 아이임을 보고 석 달 동안 숨겨 왕의 명령을 무서워하지 아니하였으며"(히 11:23)

모세의 부모는 하나님을 신뢰하는 믿음이 있었다. 믿음의 사람은 큰일을 이룬다. 세상을 변화시키는 놀라운 일을 한다. 모세가 이스라엘의 지도자가 될 수 있었던 것은 부모로부터 영향을 받은 것이다. 사람들은 다가오는 불안한 미래에 대한 두려움이 있다. 그래서 도전하기를 꺼린다. 그러나 모세의 부모는 믿음으로 모세를 석 달 동안 키울 수가 있었다. 그 당시 살벌한 상황에서 두려움을 이기게 해 준 것은 바로 믿음이다. 믿음은 두려움을 극복하게 한다. 하나님은 믿음을 보고 일하신다.

"여호와는 나의 빛이요 나의 구원이시니 내가 누구를 두려워하리요 여호와는 내 생명의 능력이시니 내가 누구를 무서워하리요."(시 27:1)

하나님을 향한 믿음을 가질 때 불의한 힘 앞에 두려워하지 않는다. 그리고 현재의 불안한 상황이나 조건을 보며 미래를 염려하지 않는다.

하나님께서 내게 자녀를 맡겨 주셨을 때는 반드시 그 이유가 있다는 믿음이 있어야 한다.

세상의 개똥벌레도 그 목적이 있다. 그런데 하나님께서 자녀를 주실 때 그 목적이 없겠는가?

부모는 내가 못 이룬 꿈을 자녀를 통해 이루려는 경향이 있다. 그러나 믿음의 부모는 하나님의 뜻을 이루어드리기 위해 자녀를 양육하려고 한다. 자녀가 태어났을 때 무엇이 될 것이라고 쓰여 있지는 않지만, 분명한 것은 하나님께서 주신 목적이 있음을 알고 믿음의 자녀로 키우면 하나님께서 반드시 믿음의 사람으로 사용해 주신다.

하나님께서는 부모에게 자녀를 맡기고 기대하고 계신다. 우리는 하나님의 기대에 부응해야 한다. 모세의 부모가 모세를 양육할 수 있었던 것은 단지 공주의 신임을 받은 것이 아니라 하나님의 신임을 받은 것이다. 모세의 부모는 하나님 보시기에 모세에게 가장 이상적인 신앙 교육을 시킬 수 있는 믿음의 사람이었던 것이다.

#2
믿음의
그릇 만큼

모세의 부모는 자녀가 하나님께서 위임해 주신 사역의 대상임을 알았다. 그래서 최선을 다했다. 3개월이 지나자 그들은 더 이상 자신들의 힘으로는 키울 수 없다는 사실을 알았다.

남자아이의 울음소리 때문에 집안에서 키울 수가 없었던 것이다. 이제 상자를 만들어 나일 강가에 둔다. 자신들의 힘으로 최선을 다하고 그다음은 하나님께 맡겨 드린 것이다. 그들은 아이의 모든 생애를 하나님께 맡긴 것이다.

하나님께 맡기는 데는 두 가지 필수요소가 따른다. 그 첫 번째가 자녀를 기도로 키우는 것이요 두 번째가 말씀대로 키우는 것이다.

하나님께 맡기면 하나님께서는 하나님의 방법으로 키워주신다. 하나님께 맡겼을 때 행하시는 일은 참으로 놀랍고 완벽하다.

출애굽기 2장 3~9절을 보면 하나님께서 행하시는 것을 보게 된다.

모세의 부모는 나일강에 떠내려가는 상자를 보며 '하나님 제가 3개월 동안 키웠습니다. 이제는 하나님께 맡깁니다.'라고 기도했을 것이다. 그리고 모세를 위임받은 하나님은 정말 완벽한 구원자를 보내 주셨다. 하나님은 애굽의 공주를 사용하신 것이다. 그것도 한순간의 구원이 아니라 애굽 공주의 양아들이 되게 하셨다. 이제 요게벳은 친아들을 키우면서 애굽의 공주로부터 양육비까지 받게 되었다.

"바로의 딸이 그에게 이르되 이 아기를 데려다가 나를 위하여

젖을 먹이라 내가 그 삯을 주리라 여인이 아기를 데려다가 젖을 먹이더니"(출 2:9)

이처럼 하나님의 계획은 완벽하다. 애굽의 공주를 통해 모세를 구원해 주신 것이다.

하나님은 믿음의 그릇만큼 채워 주신다. 부모들은 자신의 믿음의 그릇만큼 하나님께서 자녀를 인도해 주신다는 사실을 기억해야 한다.

#3
꿈을 심는
교육

모세가 이스라엘의 지도자가 될 수 있었던 것은 바로 부모의 신앙교육이었다. 어머니 요게벳은 모세에게 어릴 때부터 하나님의 꿈을 심어주었다. 요게벳은 이미 죽은 아들을 하나님께서 자신에게 다시 맡기셨다는 사실을 잊지 않고 모세에게 하나님의 꿈을 심은 것이다.

부모가 하나님의 꿈을 심어주지 않으면 세상적인 꿈이나 잘못된 꿈을 품게 된다. 부모가 자녀에게 믿음의 꿈을 꾸도록 가르치면 하나님이 자녀와 함께 하신다. 모세의 부모는 바로 이 꿈을 심는 신앙 교사의 역할을 한 것이다.

하나님은 이스라엘 백성을 애굽에서 해방시켜 가나안으로 보내는 꿈을 모세의 부모에게 말씀으로 보여 주셨고, 부모는 그 꿈을 마음에 품고 자녀에게 심어 주었다. 이스라엘 백성을 구원할 지도자로서의 꿈을 심어주기 위해 자신의 민족을 향한 애국심을 길러주었다. 하나님의 꿈을 심는 교육에 힘을 다했다. 결국 하나님의 꿈은 부모를 통해 모세의 꿈이 되었다.

우리는 자녀에게 무엇을 심고 있는지 점검해야 한다. 하나님의 꿈을 자녀에게 심고 있는가? 아니면 내 욕심을 심고 있는가?

행복을 유지시키는
부부의 섬김

하나님은 끝까지 서로 사랑하고 섬길 수 있는 길을 알려 주셨다

#8

그리스도인의 결혼생활은 행복해야 한다. 하나님께서 부부에게 결혼을 허락하실 때 행복하도록 디자인하셨기 때문이다. 만약 결혼생활이 행복하지 못하다면 하나님께서 가르쳐주신 대로 살지 않기 때문이다. 우리는 그 문제가 어디에서부터 시작되었는가를 찾아야 한다. 대부분 결혼 초기에는 서로의 마음을 헤아려 서로를 잘 섬기지만, 시간이 지나면 무디어진다.

하나님은 부부가 끝까지 서로 사랑하고 섬길 수 있는 길을 알려 주셨다. 하나님의 말씀에 귀를 기울인다면 어떤 부부도 행복한 부부생활을 할 수 있다.

1

사랑의
원리에서 출발

어느 날 한 서기관이 예수님께 질문했다. 계명 중에 첫째가
무엇입니까? 그때 예수님께서 두 가지를 말씀하셨다.

"네 마음을 다하고 목숨을 다하고 뜻을 다하고 힘을 다하여 주
너의 하나님을 사랑하라 하신 것이요 둘째는 이것이니 네 이웃
을 네 자신과 같이 사랑하라 하신 것이라 이보다 더 큰 계명이
없느니라"(막 12:30~31)

인간에게 가장 중요한 원리가 있다면 바로 사랑의 원리다.
사랑의 원리를 깨달으면 행복하게 살수가 있다.

부부가 행복하게 사는 첫 번째 원리는 바로 하나님과의 관계
이다. 마음과 목숨과 뜻을 다해 하나님을 사랑하는 것이다.

하나님께서 우리를 얼마나 사랑하셨는지 생각해보자. 하나
님은 우리를 너무나 사랑하셔서 독생자 예수님의 생명까지 아
낌없이 주셨다. 하나님은 인간이 죄 때문에 영원한 심판의 형벌
을 받는 것을 원치 않으셨다. 그 크신 사랑으로 죄 많은 인생인

우리를 하나님의 자녀로 삼으셨다. 우리가 하나님을 마음을 다하고 목숨을 다하고 뜻을 다하여 사랑할 때, 창조 때 주신 축복을 그대로 누릴 수가 있다.

둘째 원리는 이웃을 자신과 같이 사랑하는 것이다.

이웃사랑의 시작은 가정에서 출발해야 한다. 부부가 서로 사랑해야 한다. 사랑은 최고의 섬김으로 나타난다. 예수님의 사랑의 극치도 섬김이었다.

예수님을 믿고 하나님의 자녀가 된 성도의 가정은 분명히 달라야 한다. 주님을 모시고 사는 자들이기 때문이다. 부부관계도 새로운 차원으로 바뀌어야 한다. 너무나 큰 사랑을 받은 자는 그 사랑의 감격 때문에 삶이 달라질 수밖에 없다. 하나님의 사랑의 핵폭탄을 맞았기 때문이다. 서로에게 사랑을 아낌없이 베풀 수 있다면 가장 건강하고 이상적인 삶을 살 수가 있을 것이다.

#2
하나님의
고귀한 선물

결혼은 하나님의 계획에 의해 만들어진 제도이기에 함부로 생각해서는 안 된다. 결혼은 하나님께서 아담과 하와에게 주신 최고의 선물이다. 남편은 아내를 볼 때마다 하나님의 작품으로 최고의 선물임을 생각하며 감탄하며 살아야 한다. 하나님의 선물이기에 귀하게 여겨야 한다.

> "여호와 하나님이 아담에게서 취하신 그 갈빗대로 여자를 만드시고 그를 아담에게로 이끌어 오시니 아담이 이르되 이는 내 뼈 중의 뼈요 살 중의 살이라 이것을 남자에게서 취하였은즉 여자라 부르리라 하니라"(창 2:22~23)

배우자가 서로를 귀하게 여길 때 더욱 빛이 난다. 그런데 하나님이 주신 배필에 대해 감사하지 못하면 문제가 생긴다. 한 평생 오랫동안 함께 산 부부들은 대부분 서로의 귀중함을 말한다.

> "남편들아 이와 같이 지식을 따라 너희 아내와 동거하고 그를 더 연약한 그릇이요 또 생명의 은혜를 함께 이어받을 자로 알아 귀히 여기라 이는 너희 기도가 막히지 아니하게 하려 함이라 또는 그 아내를 더 연약한 그릇 같이 여겨 지식을 따라 동거하고"
>
> (벧전 3:7)

배우자를 귀하게 여기고 섬겨야 하는 또 다른 이유는 부부가
한 몸이기 때문이다. 하나님은 아담의 갈빗대를 취하여 하와를
만드셨다. 이는 부부가 한 몸임을 알려 주신 것이다.

"이러므로 남자가 부모를 떠나 그의 아내와 합하여 둘이 한 몸
을 이룰지로다"(창 2:24)

자신의 몸을 사랑하지 않는 자는 가장 어리석은 자이다. 배
우자를 학대하거나 괴롭히는 것은 바로 자기 자신을 학대하는
것과 같다. 그러므로 배우자를 사랑하는 것은 곧 자기를 사랑하
는 것이 된다. 배우자를 사랑으로 대하면 그 사랑이 나에게 돌
아온다. 그러나 배우자를 미워하고 다투면 그 미움이 자신을 가
시처럼 찌른다.
서로를 하나님의 고귀한 선물임을 알고 섬길 때 가정은 천국
을 이룰 것이다.

#3
평생 지켜야 할
섬김의 원리

하나님은 남녀가 혼자 사는 것이 좋지 못하다고 보셨기에 결혼제도를 만드셨다. 서로 돕고 살아야 함을 말씀하셨다.

"여호와 하나님이 이르시되 사람이 혼자 사는 것이 좋지 아니하니 내가 그를 위하여 돕는 배필을 지으리라 하시니라"(창 2:18)

부부는 서로 다르다. 서로 불완전한 모습을 가지고 있다. 그래서 상호보완하므로 온전하게 된다. 다시 말하면 나의 배우자가 나를 온전하게 해 준다는 뜻이다.

사람은 누구나 성향이 다르다. 생각이 앞서는 사람이 있는가 하면 의지가 앞서는 사람, 감정이 앞서는 사람도 있다.

정원의 꽃을 보고 나타내는 반응이 사람마다 다르다. 생각이 앞서는 사람은 잘 정돈된 꽃이 참 아름답다고 생각한다. 의지가 앞서는 사람은 누가 꽃을 관리했는지, 꽃의 가격이 얼마나 되는지를 생각한다. 그런데 감정이 앞서는 사람은 꽃을 보며 옛 추억을 떠올린다. 아내와 정원을 걸었으면 좋겠다고 생각한다.

나는 감정적인 편이라 꽃을 보면 아련한 옛 추억에 젖는다. 그런데 아내는 '아! 정원을 참 잘 가꾸었네. 이렇게 잘 관리하려면 참 힘들겠다.'라고 생각한다.

우리는 서로의 다름을 인정해 주어야 한다. 알고 보면 서로의 다름이 서로에게 유익이 될 수 있다. 서로의 다른 부분을 섬겨 주면 온전하게 되기 때문이다.

부부가 다투는 대부분의 이유는 배우자를 나처럼 만들려고 하기 때문이다. 그래서 이렇게 기도한다.

'주님! 저 남자 왜 저렇습니까? 주님! 저 여자 왜 저렇습니까? 이해가 안 됩니다. 좀 고쳐 주세요. 못 살겠어요'

대부분의 부부싸움은 사소한 일로 시작된다. 치약을 짤 때 밑에서부터 차근차근 짜지 않는다고 싸운다. 옷을 아무 데나 던져놓는다고 싸운다. 내가 살아온 방식이 정답인 것처럼 배우자에게 요구한다.

하나님은 남자의 독특함과 여자의 독특함이 어우러져서 온전함을 이루기를 원하신다. 상호 보완할 때 건강한 가정과 부부 관계가 형성된다. 상호보완한다는 것은 자신의 것을 가지고 섬기라는 것이다. 섬기는 자세가 되어 있지 않으면 섬김을 받으려 하고 주장하고 요구하므로 다투며 살 수밖에 없다.

4

부부의
주인

　예수님을 믿고 하나님을 주인으로 모신 부부는 전혀 다른 차
원에서 부부의 문제를 극복해 갈 수 있다. 하나님을 통해 새로
운 관계로 성화되어 여러 가지 문제를 해결해 나갈 수 있는 것
이다. 하나님을 주인으로 모셨기 때문에 하나님께 의논하며 허
락을 받으면 부부관계가 흔들림 없이 유지될 수 있는 것이다.
　하나님은 부부 사이에 적극적으로 개입하길 원하신다. 그런
데 하나님께 주인의 자리를 내어드리지 않고 하나님의 개입을
달가워하지 않으면 위기를 맞을 수밖에 없다. 부부가 서로 자신
이 주인이라고 권리를 내세울 때 하나님은 설 자리가 없어지는
것이다.
　하나님을 주인으로 모신 가정은 예수님이 교회를 사랑하시
고 섬기신 것처럼 남편은 아내를 사랑하고 섬길 수 있을 것이
다. 그리고 아내는 남편에게 순복하는 것을 즐거움으로 할 수
있을 것이다.

　"아내들이여 자기 남편에게 복종하기를 주께 하듯 하라 이는

남편이 아내의 머리 됨이 그리스도께서 교회의 머리 됨과 같음

이니 그가 바로 몸의 구주시니라 그러므로 교회가 그리스도에

게 하듯 아내들도 범사에 자기 남편에게 복종할지니라 남편들

아 아내 사랑하기를 그리스도께서 교회를 사랑하시고 그 교회

를 위하여 자신을 주심 같이 하라"(엡 5:22~25)

"긍휼히 여기는 자는 복이 있나니
그들이 긍휼히 여김을 받을 것임이요"

마 5:7

#9

섬김과
복음전파

섬김은 주님께서 가르쳐주신 삶이다

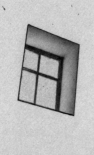

#9

섬김은 주님께서 가르쳐주신 삶이다. 섬김은 결국 복음전파라는 열매로 이어진다. 죄인을 구원하기 위해 오신 예수님께서 섬기러 왔다고 하신 것은 섬김이 없으면 결코 복음이 전해질 수 없음을 말씀하신 것이다. 그래서 예수님은 십자가를 앞두고 제자들의 발을 일일이 씻기시면서 너희도 이같이 섬기라고 하셨다. 그러므로 그리스도인은 지위고하를 막론하고 언제 어디서나 섬기는 자리에 있어야 한다.

#1

만남이
기회다

어느 날 베드로와 요한이 성전으로 가는 중에 태어날 때부터 앉은뱅이로 살던 한 사람을 만났다. 자신의 힘으로 할 수 있는 것이 별로 없는 불행한 사람이었다.

이 사람은 자신의 문제를 해결해 보려고 노력했지만, 자신의 힘으로는 아무것도 할 수 없다는 사실을 알고 모든 것을 포기하고 사는 사람이었다. 단지 하루하루 사는 그 자체로 만족할 수밖에 없는 사람이었다. 그가 하루를 살 수 있는 유일한 소망은 성전에 오가는 사람들이었다. 그런데 그가 다른 곳에 자리를 잡지 않고 성전 미문에 자리를 잡았다는 것이 그에게는 큰 축복이었다.

인생에 있어서 기회는 만남 속에서 이루어진다. 누구를 만나느냐 하는 것은 대단히 중요하다. 그날도 몇 푼의 돈을 주는 사람을 만나기를 원했다. 그에게 몇 푼의 동냥은 바로 하루를 살 수 있는 생명과 같은 역할을 했기 때문이다.

그가 앉아서 멀리 바라보고 있으니 두 사람이 성전을 향해 걸어오고 있었다. 그는 습관적으로 두 사람에게 구걸을 했다.
"좀 도와주세요"

그런데 이 두 사람은 구걸하는 이 앉은뱅이를 바라보고 지나치지 않고 그 자리에 섰다.

2

긍휼과
섬김

우리는 기도할 때, 하나님의 긍휼을 구한다. 하나님께서 불쌍히 여겨 주셔야 살 수 있기 때문이다. '긍휼'이란 '흘러넘치는 사랑을 주체하지 못하시는 하나님께서 약하고 약한 사람을 대하시는 태도'이다. 성경에는 자비, 사랑, 불쌍히 여김 등으로 표현되고 있다. 예수님은 구원받지 못한 사람들을 보시면 지위고하를 막론하고 너무나 불쌍히 여기셨다. 예수님은 마태복음 9장 36절에서 이렇게 말씀하셨다.

"무리를 보시고 민망히 여기시니 이는 저희가 목자 없는 양과 같이 고생하며 유리함이라"(마 9:36)

하나님의 긍휼 때문에 하나님은 자신의 외아들 예수님을 이 땅에 보내주셨다. 그리고 우리의 죄를 용서해 주시기 위해 그 아들을 십자가에 못 박으시면서까지 우리를 구원해 주셨다. 긍휼히 여기는 마음이 있을 때 섬김의 사람이 될 수 있다. 지옥

갈 영혼을 구원의 길로 인도할 수 있다. 그러므로 복음을 전하고자 하는 마음이 있다는 것은 주님의 마음에 가까이 가고 있다는 증거이다. 반대로 믿지 않는 영혼을 보아도 마음에 아무런 느낌이 없다면 이는 주님의 마음과는 거리가 먼 것이다.

긍휼히 여기는 마음이 세상을 바꾸고 기적을 만들어 낸다. 그래서 긍휼히 여기는 마음은 복된 마음이다. 예수님은 이 사실을 이렇게 말씀하셨다.

"긍휼히 여기는 자는 복이 있나니 그들이 긍휼히 여김을 받을 것임이요"(마 5:7)

결국 긍휼히 여기는 마음은 능력이다. 하나님의 마음을 사로잡을 수 있는 보이지 않는 힘이다. 긍휼은 섬김으로 나타난다.

베드로와 요한은 구걸하는 사람에게 줄 돈이 없었다. 그러나 그들에게는 긍휼히 여기는 마음이 있었다. 하나님 나라의 일은 긍휼히 여기는 마음으로 하는 것이다.

세상이 매우 악해지다 보니 사람들을 정죄하고 비판하는 것을 밥 먹듯이 하는 시대가 되었다. 하지만 우리는 긍휼히 여기는 마음을 가져야 한다. 하나님은 우리가 긍휼의 마음을 가지고 살기를 원하신다. 긍휼의 마음이 베드로와 요한을 앉은뱅이 앞에 서게 했고 그를 섬기도록 한 것이다.

베드로와 요한이 앉은뱅이를 만났을 때 그는 이 사람들에게서 무엇을 얻을 수 있을까 하고 바라보았다.

"베드로가 요한과 더불어 주목하여 이르되 우리를 보라 하니
그가 그들에게서 무엇을 얻을까 하여 바라보거늘"(행 3:4~5)

무엇을 줄 것 같아서 바라보고 있는 이 사람을 향해 베드로가 갑자기 외쳤다. 그리고 그 다음 일어난 일은 사람의 머리로 이해할 수 없는 기적이 일어났다.

"베드로가 이르되 은과 금은 내게 없거니와 내게 있는 이것을
네게 주노니 나사렛 예수 그리스도의 이름으로 일어나 걸으라
하고 오른손을 잡아 일으키니 발과 발목이 곧 힘을 얻고 뛰어
서서 걸으며 그들과 함께 성전으로 들어가면서 걷기도 하고 뛰
기도 하며 하나님을 찬송하니"(행 3:6~8)

이 사람은 한 푼의 돈을 원했지만, 평생소원이던 건강을 얻

게 되었다. 이 얼마나 놀라운 일인가! 평생 앉아서 살던 그에게 일어서서 걷고 뛰는 기적이 일어난 것이다. 긍휼히 여기는 마음을 가진 자로부터 일어날 수 있는 기적인 것이다.

긍휼의 마음을 가진 자는 섬김으로 예수님을 전하고 예수님의 사랑을 나누어 주는 사람이다.

#3

복음전파가
최고의 섬김

섬김은 모든 사람을 행복하게 한다. 인생 최고의 행복은 복음이다. 앉은뱅이를 행복하게 해 줄 수 있었던 것은 바로 예수 그리스도를 전했기 때문이다. 복음을 전하는 것은 최고의 섬김이다.

많은 사람이 예수 믿는 것을 대수롭지 않게 여긴다. 그런데 예수님을 믿으면 정말 기적 같은 일이 생긴다. 평생 억눌렸던 죄로부터 자유함을 얻고 천국 가는 비자를 받게 된다. 세상에서 도무지 고칠 수 없는 불치의 병을 치료받기도 하고 정신적으로 고통당하던 자들이 기쁨과 평안함 속에 살게 된다. 목적 없이 살던 사람이 인생의 목적을 발견하고 행복을 얻게 된다.

하나님께서 예수님을 통해 주신 천국을 선물로 받는 것, 이보다 더한 복은 없다. 이 땅에 섬기러 오신 예수님은 바로 천국을 주러 오신 것이다.

앉은뱅이가 베드로와 요한을 통해 건강을 얻은 것도 축복이지만 이보다 더 큰 축복은 예수님을 믿게 되었다는 것이다. 만약 베드로와 요한이 동정심으로 동전 한 푼 던져주고 지나쳤다면 일어날 수 없는 일이다. 이들은 앉은뱅이에게 최고의 섬김을 실천한 것이다.

믿음의 친구가 있으면 유익이 많다. 믿음의 친구와 함께하며 식사하고 교제하는 것도 중요하지만 그보다 더 중요한 것은 기도의 파트너가 되고 전도의 파트너가 되는 것이다. 베드로와 요한은 기도의 파트너, 전도의 파트너였다. 좋은 파트너를 만나지 못해서 영혼이 성장하는 데 방해를 받는 사람이 많다. 그러므로 좋은 믿음의 파트너가 있는지 살펴야 한다.

베드로와 요한은 한마음으로 앉은뱅이를 복음으로 섬겼고 그를 행복하게 해 주었다. 베드로와 요한도 이 사람이 건강을 찾고 하나님을 찬양하는 모습을 보면서 감격했을 것이다. 이 사람과 함께 기뻐하며 뛰었을 것이다. 얼마나 행복했을까!

"뛰어 서서 걸으며 그들과 함께 성전으로 들어가면서 걷기도
하고 뛰기도 하며 하나님을 찬송하니 모든 백성이 그 걷는 것과
하나님을 찬송함을 보고 그가 본래 성전 미문에 앉아 구걸하던
사람인 줄 알고 그에게 일어난 일로 인하여 심히 놀랍게 여기며
놀라니라"(행 3:8~10)

행복은 가까운 데 있다. 긍휼히 여기는 마음을 가지고 복음
을 전할 때 전하는 자도 행복하고 복음을 받은 자도 행복을 얻
는다. 주변 사람들도 행복해한다. 복음전파는 이 땅 최고의 섬김
으로 모두를 행복하게 한다,

／#**10**
섬김과
언어

사 랑 의 마 음 을 담 은 언 어 는 용 기 를 준 다

#10

다른 사람을 섬길 때 언어는 좋은 도구가 될 수 있다. 사랑의 마음을 담은 언어는 용기를 준다. 어려운 문제를 이길 수 있는 힘이 되기도 하고, 바른 삶을 살도록 이끌어주는 역할을 하기도 한다.

사람들은 '축복'이라는 말을 좋아한다. 축복과 관계된 원어인 히브리어 '바라크'는 '사람에게 은혜로 복주다'라는 뜻이 있다. 축복을 함축적으로 표현하면 '번성' '선물'이라는 의미가 있다. 믿음의 사람은 말로 다른 사람을 축복할 수 있다.

1

복의
근원

복은 하나님께 초점을 맞추는 자에게 주시는 선물이라고 할 수 있다. 사람이 하나님께 초점을 맞추며 살아갈 때 하나님은 흘러넘치는 복을 주신다. 하나님께서 복의 근원이기 때문이다.

하나님은 우리가 복 받기를 원하신다.

성경에서 하나님을 복되신 하나님이라고 말씀하고 있다.

"이 교훈은 내게 맡기신 바 복되신 하나님의 영광의 복음을 따름이니라"(딤전 1:11)

"기약이 이르면 하나님이 그의 나타나심을 보이시리니 하나님은 복되시고 유일하신 주권자이시며 만왕의 왕이시며 만주의 주시요"(딤전 6:15)

복의 근원이신 하나님은 마른 땅에 내리는 소낙비 같은 복을 성령을 통해 흘러넘치게 하신다. 이사야 44장 3절에서 말씀하고 있다.

"나는 목마른 자에게 물을 주며 마른 땅에 시내가 흐르게 하며 나의 영을 네 자손에게, 나의 복을 네 후손에게 부어 주리니"(사 44:3)

하나님은 예수님을 통해 사람들에게 복을 주셨다. 예수님은 하나님으로부터 성령의 능력을 기름 붓듯이 받으시고 착한 일을 행하시고 마귀에 눌린 모든 자를 고치셨다.

"하나님이 나사렛 예수에게 성령과 능력을 기름 붓듯 하셨으매 그가 두루 다니시며 선한 일을 행하시고 마귀에게 눌린 모든 사람을 고치셨으니 이는 하나님이 함께 하셨음이라"(행 10:38)

예수님께서 말씀하시고 행하신 모든 것은 우리에게 복된 말씀이다. 하나님으로부터 흘러넘치는 복은 예수 그리스도를 통해 받게 되는 것이다. 그리스도 안에는 놀라운 은혜가 있다. 은혜는 바로 하나님의 복을 의미한다. 다시 말해 그리스도 안에서 누리는 놀라운 은혜는 바로 하나님으로부터 흘러나온 복인 것이다.

예수님은 이 세상에 오셔서 누구도 들을 수 없는 복에 대해 말씀하셨다. 산상수훈에서부터 예수님의 모든 말씀 한마디 한마디는 모든 인생에게 축복이었다.

2
축복의
통로

그리스도인은 누구나 복 받은 사람으로 하늘에 속한 신령한 복을 받았다. 복 받은 그리스도인은 다른 사람을 축복할 수 있다. 하나님은 하나님의 흘러넘치는 복이 그리스도인들을 통해 다른 사람에게까지 흘러넘치기를 원하신다. 우리가 하나님의 복을 전달하는 도구가 되기를 원하시는 것이다.

하나님의 이름을 부르며 찬양하는 자는 다른 사람을 축복할 수 있다. 자신만 하늘의 복을 누리는 것이 아니라 다른 사람에게까지 복을 전하는 축복의 도구가 되어야 한다. 하늘의 복이 다른 사람에게 흘러나가도록 하는 축복의 통로가 되어야 하는 것이다.

"찬송하리로다 하나님 곧 우리 주 예수 그리스도의 아버지께서 그리스도 안에서 하늘에 속한 모든 신령한 복을 우리에게 주시되"(엡 1:3)

#3
언어로 표현되는
축복

그리스도인은 입을 열어 다른 사람을 축복할 수 있다. 복음을 전하는 것이 바로 하나님의 복을 전하는 것이다. 하나님의 말씀에 근거해서 말하는 것 역시 상대방에게 복이 된다. 그리스도인이 말을 통해 하나님의 뜻을 담아 축복한다면 이는 듣는 이에게 복이 된다. 그러므로 그리스도인은 축복의 주도권을 가지고 있다고 할 수 있다. 하나님은 그리스도인이 다른 사람들에게 복을 전달하는 일에 열심을 가지기를 원하신다.

하나님은 제사장을 통해 하나님의 복을 백성들에게 전하라고 하셨다. 이 특권을 자녀 된 그리스도인에게도 주셨다. 우리를 왕 같은 제사장으로 삼으셨기 때문이다.

"그러나 너희는 택하신 족속이요 왕 같은 제사장들이요 거룩한 나라요 그의 소유가 된 백성이니 이는 너희를 어두운 데서 불러 내어 그의 기이한 빛에 들어가게 하신 이의 아름다운 덕을 선포하게 하려 하심이라"(벧전 2:9)

"그의 아버지 하나님을 위하여 우리를 나라와 제사장으로 삼으
신 그에게 영광과 능력이 세세토록 있기를 원하노라 아멘"(계
1:6)

이처럼 제사장의 특권은 하나님의 복을 전하는 것이다. 하나
님의 백성이요 왕 같은 제사장인 우리는 복음으로, 하나님 말씀
으로, 하나님의 뜻을 전해야 하는 것이다.
하나님은 제사장인 아론과 그 아들들에게 이스라엘을 위하
여 축복하라고 하셨다. 그리고 그 축복은 바로 하나님으로부터
시작됨을 알리셨다.

"여호와께서 모세에게 말씀하여 이르시되 아론과 그의 아들들
에게 말하여 이르기를 너희는 이스라엘 자손을 위하여 이렇게
축복하여 이르되 여호와는 네게 복을 주시고 너를 지키시기를
원하며"(민 6:22~24)

하나님으로부터 시작된 복이 제사장인 아론과 그 아들들로
인해 다른 사람들의 삶 속으로 향하기를 원하셨다. 하나님의 복
은 마른 땅에 내리는 단비와 같다. 하나님의 복을 받으며 사는
것은 하나님의 뜻이다.

하나님께서 제사장들에게 축복하도록 하셨기 때문에 우리도 다른 사람을 축복할 수 있음을 기억해야 한다.

#4

축복의
내용

하나님은 우리에게 복을 주시고 우리를 지키시는 분이다.

"여호와는 네게 복을 주시고 너를 지키시기를 원하며"(민 6:24)

눈에 보이는 적들의 공격뿐 아니라 죄로부터, 마귀로부터도 지켜 주신다. 하나님은 우리를 지키시기 위해서 안전한 울타리를 치신다. 우리가 하나님의 자녀이기 때문이다. 시편에서는 천사를 통해 지키신다고 말씀하셨다.

"그가 너를 위하여 그의 천사들을 명령하사 네 모든 길에서 너를 지키게 하심이라"(시 91:11)

우리를 지키시는 하나님은 우리를 언제나 바라보시며 은혜를 베푸시기를 원하신다. 얼굴을 돌려 바라보시며 세밀하게 살피신다. 민수기 6장 25절에서 이렇게 말씀한다.

"여호와는 그의 얼굴을 네게 비추사 은혜 베푸시기를 원하며 여호와는 그 얼굴을 네게로 향하여 드사 평강 주시기를 원하노라 할지니라 하라"(민 6:25~26)

사랑의 얼굴로 비추시며 우리의 약함과 부족함을 채워 주시기를 원하신다. 사랑하는 사람끼리 서로를 바라보는 눈빛은 모든 것을 다 줄 것같이 강렬한 눈빛이다. 하나님께서 우리를 바라보시는 눈빛은 사람들의 눈빛과 비교할 수 없는 사랑의 눈빛이다.

또한 우리를 지키시는 하나님이 주시는 것은 평강이다. 수많은 문제와 죄로 인해 사람들이 누리지 못하는 것이 평강이다. 이 평강을 하나님께서 주시겠다고 말씀하셨다. 평강은 히브리말로 '샬롬'이다. '평온함' '만족함을 누리는 상태'를 말한다.

이 평강도 세상의 힘이나 자신의 노력으로 누릴 수 없다. 하나님께서 주셔야만 가능하다. 하나님의 통치를 받는 사람에게 바로 이 평강이 있다.

"하나님의 나라는 먹는 것과 마시는 것이 아니요 오직 성령 안
에 있는 의와 평강과 희락이라"(롬 14:17)

평강은 하나님께서 예수님을 통해 우리에게 주셨다. 우리에
게 평강을 주시기 위해 십자가에 못 박혀 돌아가신 것이다. 우
리가 누리는 평강은 값싼 것이 아니다. 하나님의 사랑과 예수님
의 섬김으로 우리가 누리고 있는 것이다.

"평안을 너희에게 끼치노니 곧 나의 평안을 너희에게 주노라
내가 너희에게 주는 것은 세상이 주는 것과 같지 아니하니라 너
희는 마음에 근심하지도 말고 두려워하지도 말라"(요 14:27)

#5
축복의
권세

알리이시라는 자매는 백인인 어머니의 부도덕함으로 인해
검은 피부로 태어났다. 그래서 할아버지는 알리이시를 가문에
수치를 가져온 존재로 여기고 말을 함부로 하였다. 알리이시는

어릴 때부터 할아버지로부터 심한 상처를 받았다. "너는 아무짝에도 쓸모없는 존재야" 할아버지에게 알리이시는 증오와 경멸의 대상이었다. 알리이시는 언제나 두려워하며 살았다. 결혼 후에도 정서적으로 안정되지 않았다. 남편에게 화를 자주 내었고 좌절감 속에 살았다.

그런데 알리이시에게 변화가 일어났다. 모든 삶에 활기가 생겼다. 남편과 자녀들에게 거칠게 대하던 모습이 상냥하고 밝게 변화되었다. 알리이시는 자신에게 저주와 상처를 준 '할아버지'를 향해 소리내어 축복하였고, 그 밖에 자신에게 저주를 퍼붓고 상처를 준 사람들에게도 축복하였다. 그러자 자신에게 따라 다니던 증오심과 상처가 사라졌다. 그리고 마음의 평안을 찾았다.

서로를 축복하며 사는 삶은 과거의 고통스러운 기억으로부터 자유하게 하고 마음에 있던 상처도 치유함을 받게 된다.

하나님은 우리에게 축복의 권세를 주셨다. 축복의 말을 할 때 자신과 주변 사람이 살게 된다. 말로 표현되는 축복은 남편과 아내의 벽을 허문다. 부모와 자녀의 벽을 허물고 친구와의 벽을 허문다.

"죽고 사는 것이 혀의 힘에 달렸나니 혀를 쓰기 좋아하는 자는 혀의 열매를 먹으리라"(잠 18:21)

말로서 주변 사람들을 섬길 때 하나님의 능력이 나타나게 된다, 말로서 복음을 전하고 축복하며 살아가는 삶이야말로 귀한 섬김의 삶이라고 할 수 있을 것이다.

"누구든지 자기 십자가를 지고 나를 따르지 않는 자도
능히 내 제자가 되지 못하리라"

눅 14:27

#11
섬김의
장애물

섬김의 삶은 열매가 풍성하다

#11

섬김의 삶은 열매가 풍성하다. 그것은 하나님께서 섬기는 자에게 그 열매를 주시기 때문이다. 이와는 반대로 섬김의 자세가 없는 삶은 오히려 하나님 나라에 유익을 주지 못할 뿐 아니라 자신도 역시 힘든 삶을 살게 된다.

사도행전 5장에 나오는 아나니아와 삽비라는 잘못된 의도로 섬기다가 목숨을 잃고 말았다.

주님께서 원하시는 섬김은 죽고자 하는 마음으로 섬기는 것이다. 잘못된 의도와 목적으로 섬기면 자신뿐 아니라 그가 속한 공동체도 큰 해를 입는다는 사실을 성경은 알려주고 있다.

형제인 야고보와 요한은 예수님의 사역 현장에 함께 하면서 예수님으로부터 인정받고 있다는 생각을 했다. 예수님은 사역 현장에 주로 베드로와 야고보, 요한을 데리고 다니셨다. 회당장

야이로의 딸을 살리실 때도, 변화산으로 가실 때도 데리고 가셨다.

> "회당에서 나와 곧 야고보와 요한과 함께 시몬과 안드레의 집에 들어가시니"(막 1:29)

> "베드로와 야고보와 야고보의 형제 요한 외에 아무도 따라옴을 허락하지 아니하시고"(막 5:37)

> "엿새 후에 예수께서 베드로와 야고보와 요한을 데리시고 따로 높은 산에 올라가셨더니 그들 앞에서 변형되사"(막 9:2)

야고보와 요한은 어느 날 예수님께 특별한 요구를 한다. 예수님의 영광스러운 나라에서 예수님의 오른편과 왼편에 앉고 싶다고 말한다. 예수님을 따라다니면서 할 만큼 했으니 좋은 자리를 미리 예약하고 싶었던 것이다. 지금까지 예수님께서 시키신 일을 잘했으니 자신들에게 좋은 자리를 달라는 것이다.

> "여짜오되 주의 영광 중에서 우리를 하나는 주의 우편에, 하나는 좌편에 앉게 하여 주옵소서"(막 10:37)

섬길 때 넘어야 할 장애물이 있다. 이 장애물을 잘 극복하지 않으면 위기가 찾아올 수 있다.

세상적인
사고방식

야고보와 요한은 열심히 예수님을 따랐지만 세상적인 사고 방식에서 벗어나지 못하고 있었다. 수고한 대가나 공로에 대한 권리를 주장하는 것은 당연하다고 생각한 것이다. 지금까지 예수님을 위해 누구보다 열심히 일했으니 이 정도의 대가는 받아야 한다고 생각한 것이다.

하나님의 자녀로 살면서도 영적인 원리를 따라 살아야 한다는 사실을 잊고 행동하는 경우가 있다. 야고보와 요한의 요구에 대해 예수님이 하신 답변을 보면 분명히 알 수 있다.

예수님은 두 제자의 요구에 대해 마땅히 알아야 할 것을 알지 못해서 잘못 구하고 있는 영적인 무지를 지적하셨다.

"예수께서 이르시되 너희는 너희가 구하는 것을 알지 못하는도

다 내가 마시는 잔을 너희가 마실 수 있으며 내가 받는 세례를

너희가 받을 수 있느냐"(막 10:38)

두 사람은 출세하고 싶었다. 출세의 기준은 세상에서는 관직
을 말한다. 그들이 원하는 자리는 세상 사람들이 생각하는 벼슬
이었던 것이다. 두 제자가 생각한 주님의 나라는 이 세상 사람
들이 생각하는 세속적인 나라였다. 세상나라와 하나님 나라는
전혀 다르다는 것을 알아야 한다.

교회에서도 직분을 세상의 벼슬로 착각하는 사람들이 많이
있다. 직분자가 된다는 것은 주님의 뜻을 따라 교회를 섬기고
이 땅에 복음을 전하는 일에 합심하는 예수님의 동역자, 예수님
의 제자가 된다는 뜻이다. 예수님은 제자들이 어떤 자세로 살아
야 하는가를 자주 말씀하셨다.

"누구든지 자기 십자가를 지고 나를 따르지 않는 자도 능히 내

제자가 되지 못하리라"(눅 14:27)

무거운 십자가를 진다는 것은 수치스럽고 힘든 일이다. 자기
십자가를 진다는 것은 무거운 짐을 마땅히 져야 한다는 것이다.
그 짐이 수치스럽고 고통스러워도 참고 견뎌야 함을 말씀하신

것이다.

#2
영적인
전투 현장

예수님을 믿는 순간 모든 것이 완성되고 보장된 것이 아니다. 영적인 전투가 기다리고 있다. 사단이 유혹하고 공격한다. 사단은 만만한 상대가 아니다. 그러므로 영적무장을 단단히 하기 위해 힘써야 한다. 자신을 절제하고 지속적으로 훈련해야 한다.

> "우리의 씨름은 혈과 육을 상대하는 것이 아니요 통치자들과
> 권세들과 이 어둠의 세상 주관자들과 하늘에 있는 악의 영들을
> 상대함이라"(엡 6:12)

전쟁에서 패하면 얼마나 비참한지 상상만 해도 끔찍하다. 영적 전투도 마찬가지다. 사단에게 패하면 큰 손해를 보게 된다. 나 한 사람 때문에 교회 공동체까지 타격을 입을 수 있다. 그러

므로 우리는 이 세상 사는 동안 영적전투를 치르고 있는 군사임을 잊지 말아야 한다. 예수님의 동역자로서 마땅히 해야 할 일에 초점을 맞추고 주님의 뜻을 행하는 자로 살아야 할 것이다.

"주인의 뜻을 알고도 준비하지 아니하고 그 뜻대로 행하지 아니한 종은 많이 맞을 것이요"(눅 12:47)

#3

고난의 잔

예수님께서 요구하시는 잔은 고난의 잔이다. 하나님의 뜻을 이루기 위한 희생의 잔을 말하는 것이다. 예수님은 이 세상에 하나님의 사랑을 전하기 위해 오셔서 앞장서서 섬기고 희생하셨다. 예수님은 십자가를 지고 따라오라고 하셨다. 십자가를 지고 따라오지 않는 자는 합당하지 않다고 말씀하셨다.

"또 자기 십자가를 지고 나를 따르지 않는 자도 내게 합당하지 아니하니라"(마 10:38)

그러므로 예수님의 좌우편에 앉는 것에 대해서는 관심을 가지지 말라고 하셨다. 두 제자가 생각하는 영광의 자리는 사람의 노력으로 쟁취하는 것이 아니라 하나님이 주신다는 사실을 강조하셨다. 마가복음 10장 40절의 말씀을 보면 예수님의 마음을 잘 알 수 있다.

"내 좌우편에 앉는 것은 내가 줄 것이 아니라 누구를 위하여 준
비되었던지 그들이 얻을 것이니라"(막 10:40)

영광의 자리를 요구할 것이 아니라 하나님의 주권에 맡기고 묵묵히 자신의 일에 순종해야 함을 말씀하신 것이다. 우리의 목표는 자신의 영광이 아니라 오직 하나님께만 영광을 돌리는 자세가 되어야 한다.

"예수 그리스도로 말미암아 의의 열매가 가득하여 하나님의 영
광과 찬송이 되기를 원하노라"(빌 1:11)

#4
불순한
욕망

사람에게는 불순한 욕망이 있다. 소유욕과 명예욕이다. 이 욕심에서 벗어나야 섬김의 사람으로 하나님 나라의 일꾼으로 쓰임 받을 수 있다. 그러므로 매일 자신을 채찍질하며 기도해야 한다.

야고보와 요한이 높은 지위를 구하는 것을 보고 있던 열 제자가 화를 냈다. 자신들을 무시한다고 생각했을 것이다. 열 제자도 지금까지 예수님을 따라다니면서 많은 것을 배웠지만 그들 역시 야고보와 요한과 별 차이가 없는 자들이었던 것이다. 그뿐만 아니라 예수님 고난의 의미도 모르고 있었다.

"열 제자가 듣고 야고보와 요한에 대하여 화를 내거늘"(막 10:41)

예수님은 이들의 모습을 보시며 어떤 마음이셨을까? 그렇게 말씀을 듣고 훈련도 받았는데 아직도 변하지 않은 것을 보시고 마음이 아프셨을 것이다.

예수님은 불순한 욕망으로 가득 찬 제자들에게 자상하게 설명해 주셨다.

"예수께서 불러다가 이르시되 이방인의 집권자들이 그들을 임

의로 주관하고 그 고관들이 그들에게 권세를 부리는 줄을 너희
가 알거니와 너희 중에는 그렇지 않을지니 너희 중에 누구든지
크고자 하는 자는 너희를 섬기는 자가 되고 너희 중에 누구든지
으뜸이 되고자 하는 자는 모든 사람의 종이 되어야 하리라 인자
가 온 것은 섬김을 받으려 함이 아니라 도리어 섬기려 하고 자
기 목숨을 많은 사람의 대속물로 주려 함이니라"(막 10:42~45)

하나님 나라는 믿지 않는 세상 사람들이 구하는 것과는 정반
대의 원리라는 사실을 말씀하셨다. 이방인 집권자의 사고를 버
리라고 하셨다. 하나님의 나라의 일꾼은 섬기기 위함임을 말씀
하셨다. 섬기는 자가 큰 자요 최고임을 강조하셨다.

예수님께서 강조하신 '섬기는 자(디아코노스)'는 시중드는 자,
봉사자를 말한다. 그리고 '종(둘로스)' 역시 섬기는 자와 같은 의
미를 가지고 있다. 종은 자신의 권리를 포기하고 주인의 뜻만을
따라가는 자이다. 섬기는 자와 종은 가장 낮은 자리에 있는 자
이다.

세상 집권자의 부리는 권세와 종의 자세로 섬기는 자의 권세
는 다르다. 그 영향력에서부터 다르다. 섬기는 권세는 사람들을
마음에서부터 따르고 존경하도록 하기에 그 영향력이 훨씬 큰
것이다.

예수님의 영향력은 섬김의 영향력이다. 세상에서 부리는 권세를 휘둘렀던 자들은 잠시 동안 영향력을 발휘하거나 얼마 가지 못해서 배척을 당했으나 섬김의 삶을 사신 예수님의 영향력은 아직도 모든 사람의 존경을 받고 있다. 그리고 많은 사람을 옳은 데로 인도하고 있다.

[#]12
섬김과
상급

섬김의 삶은 열매가 풍성하다

#12

예수님은 참으로 많은 핍박과 비난 그리고 저주를 받으셨다. 예수님이 오신 이후의 기독교 역사도 박해와 순교로 이어졌다. 피로 얼룩진 역사였다. 그런데 예수님께서는 이런 상황을 절망적으로 보신 것이 아니라 오히려 복이 있다고 하셨다.

"인자로 말미암아 사람들이 너희를 미워하며 멀리하고 욕하고 너희 이름을 악하다 하여 버릴 때에는 너희에게 복이 있도다 그 날에 기뻐하고 뛰놀라 하늘에서 너희 상이 큼이라"(눅 6:22~23)

여기서 '멀리하다'는 단어와 '버린다'는 단어를 주의해서 살펴보면 '멀리하다'는 말은 사회적인 교제의 관계에서 소외되는 것을 말하고, '버리다'라는 말은 연극배우를 무대에서 쫓아낼

때 사용하는 단어이다.

교제하던 사람으로부터 소외되고 삶의 터전에서 소외되고 쫓겨난다면 이는 참으로 가슴 아픈 일이다.

주님의 뜻을 받들어 복음을 전하며 섬길 때 사람들로부터 우습게 여김을 당하고, 예수 믿는 것 때문에 가족들로부터 소외되고 미움을 당할 때 말할 수 없는 아픔을 느끼게 된다. 그런데 예수님은 왜 이런 상황을 오히려 희망적으로 말씀하셨을까? 그것은 바로 미움을 당하고 욕을 먹고 악인 취급당하는 것이 끝이 아니기 때문이다. 그래서 오히려 복이라고 하셨다. 그리고 이 고통을 당할 때 "기뻐하고 뛰놀라"고 하셨다. 이는 아주 적극적인 자세를 가지라는 것이다.

박해와 고난을 당하는 그때에 기뻐하고 뛰놀아야 할 이유가 무엇인가? 그것은 박해와 고난에 대한 대가가 얼마나 큰가를 잘 나타내신 것이다. 핍박에 대한 대가로 엄청나게 큰 복이 주어지기 때문이다. 예수님께서는 더 적극적으로 우리가 호감을 느끼도록 말씀하셨다. '하늘에서 큰 상'이라는 말로 표현하셨다.

이 세상이 전부라고 생각하는 자들은 하늘에서의 큰 상에 대해서는 관심이 없다. 그러나 진정한 그리스도인은 하늘에서의 큰 상에 관심을 가지고 산다.

#1

하늘나라
상

　사람들은 상 받는 것을 좋아한다. 자녀가 상 받는 현장에는 부모가 참석한다. 자녀가 상 받는 것을 보면 근엄한 아버지나 신경질적인 어머니도 싱글벙글이다. 국가에서 훈장이라도 받게 되면 동네잔치를 벌인다. 그만큼 상 받는 자의 기쁨은 큰 것이다.

　하나님은 하늘나라 상을 준비하고 계신다. 예수님으로 말미암아 고난받으면 하늘의 상이 준비되어 있으므로 "기뻐하고 뛰놀라"고 하셨다. 이는 장차 우리에게 주어질 하늘나라의 상의 규모와 가치가 얼마나 대단한가를 알려 주신 것이다. 하늘나라의 상은 이 세상의 상과 비교되지 않는다.

　이 세상의 상은 상대평가이지만 하늘나라의 상은 절대평가이다. 세상처럼 지식이나 능력 중심도 아니다. 주님을 위해 충성한 눈물의 섬김, 복음을 위해 당한 고난, 주님을 위해 당한 모든 핍박과 수고는 고스란히 하늘의 큰 상으로 우리에게 돌아올 것이다. 그러므로 하늘의 큰 상을 기대하며 하나님께서 명령하신 일에 순종하며 섬기고 충성하면 되는 것이다.

　이 세상에서의 삶을 끝내고 하나님 앞에 갔을 때 세상에서 수고하며 살아온 모든 섬김은 하나님이 주시는 상으로 보상받게 된다.

하늘나라의 엄청난 상급에 대해 브루스 윌킨슨은 열쇠구멍을 통해 밤하늘을 내다보는 것과 같다고 했다. 하늘나라에서 주어지는 보상은 너무나 엄청나다는 것이다. 이 땅에서의 섬김이 하늘에서는 놀라운 결과로 나타나게 될 것이라는 확신을 가진 자는 흔들림 없이 주님을 따르는 제자가 될 것이다.

주님은 행한 대로 갚아 주신다. 성경에서 이 사실을 매우 힘 있게 강조하셨다.

"인자가 아버지의 영광으로 그 천사들과 함께 오리니 그 때에 각 사람이 행한 대로 갚으리라"(마 16:27)

"그리하면 그들이 갚을 것이 없으므로 네게 복이 되리니 이는 의인들의 부활시에 네가 갚음을 받겠음이라 하시더라"(눅 14:14)

성경에 나와 있는 믿음의 사람들과 교회 역사 속에 나온 위대한 신앙인들의 공통점은 바로 하늘나라의 영원한 상급을 바라고 주님을 따랐다는 것이다. 비록 이 세상에서는 인정해 주지 않고 핍박하고 조롱해도 흔들림 없이 하늘나라에 준비된 상급을 바라본 것이다. 이스라엘을 애굽에서 인도해 낸 모세에 대해서 히브리서에서 말씀하고 있다.

"믿음으로 모세는 장성하여 바로의 공주의 아들이라 칭함 받기를 거절하고 도리어 하나님의 백성과 함께 고난 받기를 잠시 죄악의 낙을 누리는 것보다 더 좋아하고 그리스도를 위하여 받는 수모를 애굽의 모든 보화보다 더 큰 재물로 여겼으니 이는 상주심을 바라봄이라"(히 11:24~26)

하나님으로부터의 상급에 대해 브루스 윌킨슨은 두 개의 열쇠로 표현하고 있다.

첫 번째 열쇠인 믿음은 우리가 영원히 살게 될 곳을 결정한다. 믿음으로 천국 가게 된다. 하나님께서 준비하신 천국은 예수 그리스도를 믿음으로만 갈 수 있다.

두 번째 열쇠인 행위는 이미 천국 가는 열쇠를 확보한 그리스도인에게 요구되는 열쇠이다. 행위의 열쇠는 이 세상에서의 삶을 통해 우리에게 주시는 상급이다. 믿음을 가진 자는 하늘나라의 상을 기대하며 살아간다. 바울 사도도 하늘나라의 상에 대한 거룩한 욕심을 가지고 살았다. 그 결과 그는 많은 열매를 맺었다.

하나님께서는 우리가 행한 일에 대해 세상에서 보상받지 못해도 전혀 걱정할 것이 없다고 하셨다. 세상에서 보상받지 못해도 하늘나라에서 받게 될 것이기에 죽음 이후의 큰 상을 받는 것이 복이라고 하신 것이다.

"그리하면 그들이 갚을 것이 없으므로 네게 복이 되리니 이는 의인들의 부활시에 네가 갚음을 받겠음이라 하시더라"(눅 14:14)

"누구든지 너희가 그리스도에게 속한 자라 하여 물 한 그릇이라도 주면 내가 진실로 너희에게 이르노니 그가 결코 상을 잃지 않으리라"(막 9:41)

#2
섬길 수 있는
것도 은혜

사람들은 하나님을 위한 섬김과 선한 행위가 좋다는 사실은 알지만, 그것이 하나님의 특별한 은혜라는 사실은 잘 모른다. 바울은 "나의 나 된 것은 하나님의 은혜"라고 고백했다. 바울의 이 고백은 구원받은 은혜뿐만 아니라 주님을 섬기며 사는 삶도 포함한다. 구원도 은혜이지만 섬길 수 있는 것도 하나님의 은혜인 것이다.

성경에 나오는 포도원 품꾼의 비유를 통해 이 사실을 잘 알 수 있다. 포도원 주인은 한 시간 일한 품꾼에게도 하루 종일 일한 품꾼과 똑같은 보상을 해준다. 그때 불평하는 품꾼을 향해 주인은 이렇게 말한다.

"내 것을 가지고 내 뜻대로 할 것이 아니냐 내가 선하므로 네가
악하게 보느냐"(마 20:15)

이 내용을 쉽게 표현하면 이런 말씀이다.

"내 것을 가지고 내 뜻대로 하는데 무엇이 잘못이냐 내가 자
비롭기에 네 눈에 거슬리느냐?"

섬긴 것보다 더 많이 보상해 준 것이 주인의 은혜이듯이 하나님의 보상도 은혜인 것이다.

하나님은 이 세상 삶에 대해 풍성하게 보상해 주고 싶어 하셔서 못 견디신다. 상주시기로 계획하신 것은 구원을 베푸신 것과 마찬가지로 하나님의 은혜임을 믿어야 한다. 그러므로 섬기는 것은 하나님께서 우리에게 주신 은혜요 특권인 것이다.

#3
하나님이
숨어서 보신다

섬기는 삶을 살면서도 힘든 이유는 보상받기를 원하기 때문이다. 그러나 이 세상의 보상보다 훨씬 정확하고 큰 상급으로 준비된 하늘나라의 상급을 생각한다면 서운함과 억울함에서 벗어날 수 있을 것이다.

하나님은 숨어서 보시는 분이다. 예수님께서 하신 말씀 가운데 '은밀하게'라는 말씀이 많이 있다. 이 말씀은 하나님께서 숨어서 보신다는 것이다.

"네 구제함을 은밀하게 하라 은밀한 중에 보시는 너의 아버지께서 갚으시리라"(마 6:4)

"너는 기도할 때에 네 골방에 들어가 문을 닫고 은밀한 중에 계신 네 아버지께 기도하라 은밀한 중에 보시는 네 아버지께서 갚으시리라"(마 6:6)

"이는 금식하는 자로 사람에게 보이지 않고 오직 은밀한 중에 계신 네 아버지께 보이게 하려 함이라 은밀한 중에 보시는 네 아버지께서 갚으시리라"(마 6:18)

하나님은 우리가 인간관계에서 사랑으로 행하는 모든 행위와 하나님을 향한 섬김의 마음과 행위까지 다 숨어서 보고 계시기에 이 세상에서 섬기는 자로 사는 것은 어려운 것이 아니라 특권임을 알아야 한다.

많은 사람이 섬김의 특권을 포기하는 이유는 그 가치를 모르기 때문이다. 하늘나라의 상이 얼마나 대단한가를 알면 세상의 보상은 참으로 시시하게 보일 것이다. 오늘도 하나님은 상을 준비하시고 우리의 삶을 숨어서 보신다.

"이제 내가 사람들에게 좋게 하랴
하나님께 좋게 하랴 사람들에게 기쁨을 구하랴
내가 지금까지 사람들의 기쁨을 구하였다면
그리스도의 종이 아니니라"

갈 1:10

섬김의
자세

우리의 삶이 섬김의 자세여야 함을 말씀하는 것이다

#13

대부분의 사람들은 성공적인 삶을 소유나 명성, 권력 등으로 평가한다.

그러나 하나님께서는 인생의 성공을 그런 기준으로 결정하지 않으신다. 얼마나 하나님 말씀에 순종하며 섬김의 삶을 살았느냐에 따라 인생의 성공 여부가 결정된다.

주님께서 높이 평가하시는 삶은 바로 섬김이다. 예수님의 모든 삶이 섬김의 삶이었기 때문이다.

하나님은 모든 사람을 섬김이라는 저울에 달아보신다. 동일한 기회를 주셨지만 섬김의 저울에 달아보면 그 결과가 판이하게 다를 수 있다. 달란트 비유에서 이 사실을 찾아볼 수 있다. 결산의 때에 칭찬받은 자와 책망받은 자로 나누어졌다. 두 달란트와 다섯 달란트 받은 자는 신임을 받아 더 많은 일을 맡아서 섬기게 되었지만 한 달란트 받은 자는 받은 한 달란트도 빼앗기고 주인에게서 쫓겨났다.

이들을 갈라놓은 것이 무엇일까? 바로 신분을 안 자와 모른 자의 차이다. 한 달란트 받은 자의 문제점은 자신의 신분을 망각한 것이다. 자신이 종이라는 사실을 망각한 자와 종의 자세를 잘 유지한 자의 차이가 다른 결과로 나타난 것이다.

종이 주인처럼 행동하면 비참하게 된다. 종은 종답게 살아야 한다. 종은 주인의 뜻에 따라 살아야 한다. 신앙의 사람들이 자신을 종이라고 고백한 것에 유의해야 한다. 사도바울도 자신이 그리스도의 종이라고 고백했다.

"이제 내가 사람들에게 좋게 하랴 하나님께 좋게 하랴 사람들에게 기쁨을 구하랴 내가 지금까지 사람들의 기쁨을 구하였다면 그리스도의 종이 아니니라"(갈 1:10)

성경에서는 하나님과 우리와의 관계를 종이라고 표현한다. 이는 우리의 삶이 섬김의 자세여야 함을 말씀하는 것이다.

#1
섬기기 위해
존재하는 종

요즘 사회에서 일어나고 있는 분쟁을 보면 자신의 유익을 위해 요구하는 데서 시작되는 일이 대부분이다.

두 달란트와 다섯 달란트 받은 자가 성공적인 인생 결산을 한 것은 바로 자신이 종임을 인식하고 섬김의 삶을 살았기 때문이다. 종은 주인이 아니다. 잠시 위탁을 받아서 행하는 청지기에 불과한 것이다.

종은 자신을 위해 사는 자가 아니라 주인의 뜻을 이루어 드리기 위해 사는 자이다. 에베소서 2장 10절에서는 우리가 예수님 안에서 선한 일을 위해 지음을 받았다고 말씀하고 있다.

"우리는 그가 만드신 바라 그리스도 예수 안에서 선한 일을 위하여 지으심을 받은 자니 이 일은 하나님이 전에 예비하사 우리로 그 가운데서 행하게 하려 하심이니라"(엡 2:10)

이 세상에서 섬김의 삶을 사는 것은 하나님의 선하신 뜻대로 사는 것이다. 섬김은 모든 성도에게 요구되는 하나님의 뜻이다.

하나님은 '지체'라는 단어를 통해서도 우리에게 섬김의 삶을 살아야 함을 분명히 알려 주셨다. 몸의 모든 지체는 섬기기 위해 존재한다. 어떤 지체도 자신을 위해 존재하지 않는다.

"이와 같이 우리 많은 사람이 그리스도 안에서 한 몸이 되어 서로 지체가 되었느니라"(롬 12:5)

지체는 서로 다른 지체를 섬겨서 건강한 몸이 되도록 한다. 이처럼 예수님을 믿고 그리스도 안에서 지체가 되었다면, 다른 지체(성도)를 위해 그리스도의 몸 된 교회를 위해 최선을 다해 섬겨야 하는 것이다.

자신의 복과 안일만을 구하는 것은 하나님의 뜻을 모르는 것이다. 내가 누려야 하고 받아야 한다고 생각하면 잘못이다. 성도들은 다른 지체와 교회를 섬기고, 믿지 않는 자들을 전도하기 위해 섬김의 삶을 살아야 하는 것이다.

#2

섬김에 크고 작은
일은 없다

다윗은 아버지의 집에서 목자의 일을 잘 감당했다. 만약 다윗이 게으르고 불성실하고 이기적인 자였다면 하나님께서 그에게 많은 것을 맡기지 않으셨을 것이다.

비행기를 탈 때 이런 생각을 한 적이 있다. '비상구의 작은 볼트 하나가 문제가 생겨서 문이 갑자기 열리기라도 한다면 어떻게 될까?' 그 결과는 참으로 끔찍할 것이다. 정비사가 눈에 잘 띄지 않는 극히 작은 부분의 정비를 소홀히 한다면 대형사고가 일어날 수 있기 때문이다.

인생의 큰일은 작은 일에서부터 시작된다. 하나님은 우리에게 큰일을 하라고 하신 적이 없다. 많은 경우 인정받는 일이나 큰일은 하려고 해도 작은 일은 회피하려는 경향이 있다. 그러나 주님은 섬김의 자세를 보신다. 어떤 일이든지 맡겨주신 일에 충성하기를 원하신다.

예수님은 달란트 비유를 통해 받은 달란트의 많고 적음에 결산의 기준을 두지 않으심을 보여주셨다. 두 달란트 받은 자와 다섯 달란트 받은 자의 칭찬의 내용이 똑같다.

"그 주인이 이르되 잘 하였도다 착하고 충성된 종아 네가 적은 일에 충성하였으매 내가 많은 것을 네게 맡기리니 네 주인의 즐거움에 참여할지어다 하고"(마 25:21)

하나님 앞에서는 직책이나 직분이 가치가 아니다. 받은 달란트로 하나님을 기쁘시게 하기 위해 어떻게 섬기느냐가 중요하다. 섬김의 자세로 열매가 결정되기 때문이다.

섬김의 자세도 없으면서 큰일을 맡으려 하고, 맡은 자리에 있는 것으로 인정받으려 한다면 오히려 하나님의 사역을 방해하고 하나님의 책망을 받을 수 있다.

큰일을 맡았으면 더 많이 섬겨야 한다. 더 많은 시간과 물질을 투자하고 희생해야 하는 것이다. 충성된 종은 어떤 일을 맡든지 한결같이 헌신한다. 작은 일을 맡아도 감사하며 섬기면 하나님으로부터 충성된 사람이라고 인정받게 될 것이다. 하나님의 일은 모두 귀하고 중요한 일이기 때문이다.

"종들아 모든 일에 육신의 상전들에게 순종하되 사람을 기쁘게 하는 자와 같이 눈가림만 하지 말고 오직 주를 두려워하여 성실한 마음으로 하라"(골 3:22)

#3

섬김이
성숙하게 한다.

대부분의 사람은 섬기는 것보다 섬김을 받으려 하고 인정받기를 좋아한다. 섬김받는 자리에는 적극적이지만 섬겨야 하는 자리에는 핑계가 많고 소극적이다.

섬김에 있어 가장 큰 장애물은 핑계하는 것이다. 많은 사람이 섬기지 못하는 이유를 보면 대부분 핑계 때문임을 알 수 있다. 만약 성경에 나오는 믿음의 사람들이 핑계했다면 이런 핑계를 하지 않았을까?

아브라함 – 저는 너무 나이가 많아요.

모세 – 저는 말을 더듬어서 일할 수 없어요.

다윗 – 저는 부도덕한 짓을 저질러서 할 수 없어요. 자신감을 잃었어요.

엘리야 – 저는 우울증에 걸렸고 자살하려고 했어요. 이런 제가 무엇을 할 수 있나요?

믿음의 사람들이 하나님께 쓰임 받을 수 있었던 것은 하나님께서 사용하기를 원하실 때 핑계하지 않았기 때문이다.

아무리 유능한 자라도 핑계하면 주님의 일을 할 수 없다. 핑곗거리가 없을 수는 없다. 핑곗거리를 찾으면 얼마든지 있다. 그럼에도 불구하고 순종해서 섬기면 열매를 맺는다. 다섯 달란트 두 달란트 받은 자가 맡은 일에 충성했을 때 그들의 삶이 달라

졌다. 자신도 모르게 그들은 성숙해졌다. 더 큰 일을 맡을 만큼
성숙해진 것이다.

#4

하나님의
은혜로

　하나님께서 창조하신 피조물들은 각기 다른 특징과 재능을
가지고 있다. 사람에게도 하나님께서 각기 다른 재능과 능력을
주셨다. 하나님께서 주신 것을 우리는 하나님을 위해 사용해야
한다.

　베드로전서 4장 10절에서 "각각 은사를 받은 대로 하나님의
여러 가지 은혜를 맡은 선한 청지기 같이 서로 봉사하라"고 말
씀하고 있다.

　자신이 가진 재능이나 능력은 하나님의 은혜로 받은 것이니
하나님의 뜻대로 섬기는 것은 지극히 당연한 일이다. 하나님께
서 주신 것으로 최선을 다할 때 하나님은 새 힘을 주시고 생각
하지 못한 더 큰 능력을 주기도 하신다.

　사역의 많은 열매를 맺은 사도 바울은 주신 은혜에 감사하여

충성할 때에 하나님께서 더 많은 일을 하도록 해 주셨다고 고백
했다.

> "그러나 내가 나 된 것은 하나님의 은혜로 된 것이니 내게 주신
> 그의 은혜가 헛되지 아니하여 내가 모든 사도보다 더 많이 수고
> 하였으나 내가 한 것이 아니요 오직 나와 함께 하신 하나님의
> 은혜로라"(고전 15:10)

우리가 섬길 수 있는 것은 하나님께서 주신 은혜 때문임을
안다면 감사하며 섬길 수밖에 없고, 아무리 많이 섬겨도 끝까지
겸손한 자세로 섬길 수 있을 것이다.

#5
주인의
뜻대로

우리가 세상을 살면서 누리는 모든 것은 주님이 주신 것이
다. 다시 말해 어떤 것도 내 것이 아니라는 것이다.
〈브루스 올마이티〉라는 영화가 있다. 그 영화의 내용은 이런

내용이다.

브루스라는 사람은 방송국에서 근무한다. 그런데 하는 일마다 잘되지 않자 불평과 원망의 삶을 산다. 어느 날 그에게 하나님이 나타나 초능력을 준다. 그는 그 초능력을 받자마자 자신을 위해 사용한다. 자신의 경쟁자인 방송국 앵커를 그 자리에서 쫓아내는 데 사용하고 자신의 정욕을 채우는 데 사용한다. 이 모습을 본 아내가 그의 곁을 떠나게 되고 이 사람은 사랑하는 아내에 대한 그리움 때문에 견디지 못하게 된다. 이런 그에게 하나님이 다시 나타나 "너는 내가 준 능력으로 너를 위해서만 사용했지 선한 일을 위해 사용한 적이 있느냐?"고 묻는다.

한 달란트 받은 자의 치명적인 실수는 그 달란트를 주인이 맡겨주었다는 사실을 망각한 것이다. 주인의 뜻을 무시하고 자기 마음대로 맡겨주신 달란트를 땅에 묻어둔 한 달란트 받은 자는 더 이상의 기회도 얻지 못했을 뿐만 아니라 앞으로 주어질 모든 영광도 빼앗겨 버렸다.

섬김의 삶은 모든 그리스도인을 향한 하나님의 요구이다. 하나님께서 맡겨주신 사명도 섬김과 함께 열매를 맺는 것이다. 종의 자세로 주인의 뜻대로 산 자에게 칭찬과 상급이 있음을 알고 하나님으로부터 칭찬받기를 소원해야 한다.

"충성된 사자는 그를 보낸 이에게 마치 추수하는 날에 얼음 냉
수 같아서 능히 그 주인의 마음을 시원하게 하느니라"(잠 25:13)

"독사의 자식들아 너희는 악하니 어떻게 선한 말을 할 수 있느냐
이는 마음에 가득한 것을 입으로 말함이라"

마 12:34

#14

섬김의
영향력

예수님은 섬김으로 이 세상을 변화시키셨다

예수님께서 로마 군인들에게 잡히실 때 예수님의 수제자인 베드로가 칼을 꺼내서 예수님을 지키려고 했다. 베드로의 칼에 대제사장의 종인 말고의 귀가 땅에 떨어지자 예수님은 "네 칼을 도로 칼집에 꽂으라. 칼을 가지는 자는 다 칼로 망하느니라. 너는 내가 내 아버지께 구하여 지금 열두 군단 더 되는 천사를 보내시게 할 수 없는 줄로 아느냐"(마 26:52~53)고 하셨다.

'한 영'은 당시 로마 군대의 단위로 보병 6,100명과 마병 726명의 규모이다. 예수님은 하늘의 모든 천사를 동원하실 수 있는 권세를 가지신 분이지만 그 권세를 사용하지 않으셨다.

사람들은 권세를 잡기 위해 노력한다. 권세를 잡기 위해 전쟁을 하고 사람을 죽이고 영토를 넓힌다. 권세를 잡기 위해서는 형제간에도 피비린내 나는 싸움을 하기도 한다.

그런데 예수님은 이 땅에 오셔서 우리의 죄를 짊어지시고 십자가에서 자신의 몸이 대속물이 되심으로 우리를 죄로부터 구원해 주셨다.

예수님의 영향력은 헌신적인 섬김에서부터 시작되었다. 오늘도 예수님의 말씀대로 행하는 개인과 가정은 변한다. 거룩한 영향력을 행사한다. 이 모든 힘은 섬김의 결과이다.

섬김은 최고의 힘이다. 예수님은 섬김으로 이 세상을 변화시키셨다. 한 사람이 섬기는 자로 바뀌면 그가 속한 공동체에 강력한 영향력으로 나타난다.

#1

섬김의
권세

예수님께서 사용하신 권세는 섬김의 권세이다. 가정에서도 예외가 아니다. 남편이 섬김의 자세를 가지면 아내와 자녀를 감동시키고 변화시킨다. 그러나 남편이 섬김받기만 원하고 군림한다면 아내와 자녀로부터 존경을 받지 못한다.

우리는 섬기지 못하고 있는 영역을 찾아야 한다. 대다수 남자는 직장 일이나 사회 일로 바쁘다는 이유로 가정에서는 섬기지 않고 사는 경우가 많다. 가정에서도 섬김의 본을 보이도록 노력해야 한다.

켄 제닝스라는 사람과 존 슈탈 베르너라는 사람이 쓴 『섬기는 리더』라는 책을 보면 췌장암에 걸려 시한부 삶을 사는 아버지와 아들 마이크의 대화가 나온다.

아버지는 세상에서 성공한 리더였지만 아들에게만큼은 좋은 아버지가 되지 못했음을 고백한다. 마이크는 어렸을 때 아버지는 자신의 영웅이었다고 말한다. 아버지는 언제나 좋은 장난감을 사 주었지만 장난감보다 아버지와 가깝게 지내는 것이 더 좋았다고 고백하고 있다. 이 말에 아버지는 "너와 많은 시간을 가지지 못한 죄책감으로 장난감을 사 준 것 같다, 아버지로서 해야 할 일을 어머니에게 넘긴 것이 후회가 된다." 며 눈가에 눈물이 고인다.

우리는 예수님을 통해 섬기는 자가 최고의 지도자가 될 수 있고 가장 큰 영향력을 끼치게 된다는 사실을 배웠다. 어디에서나 예수님처럼 섬기는 자가 큰 자인 것이다.

수준을 높여
주는 자

섬김은 엄청난 힘이 있다. 섬김을 통해 삶의 의미를 발견하게 해 준다. 다른 사람을 천국으로 인도한다. 영원한 행복으로 인도하는 역할을 섬김을 통해서 하게 된다.

섬김의 사람은 눈에 보이는 힘 보다 보이지 않는 힘을 무서워한다. 섬기는 자는 사람의 마음을 감동시키는 힘을 가지고 있다. 그래서 사람들은 섬기는 자를 따른다. 그리고 존경한다.

섬기다 보면 자신의 수준이 높아진다. 제자들이 예수님을 만나기 전에는 대부분 평범한 사람들이었다. 대부분 생활에 대한 염려로 하루하루를 살아가는 자들이었다. 그러나 예수님을 만난 후 그들의 삶은 변화되기 시작했다.

제자들은 예수님을 따라 자신의 생명을 아낌없이 내주며 복음을 전하고 사랑을 베풀었다. 예수님은 제자들을 훈련시키기 위해 말씀을 철저히 가르치시고 현장으로 데리고 나가셨다. 삶을 변화시키는 훈련을 하신 것이다. 그 결과 제자들의 수준은 날이 갈수록 높아졌다.

예수님을 따른 제자들은 팀워크를 이루어 세상을 변화시키는 힘을 가지게 되었다. 철저하게 자신을 헌신하므로 세상 사람들을 구원의 길로 인도하기 위해 섬겼다. 이처럼 남을 위해 섬기며 사는 자가 수준이 높은 자이다.

제자들이 섬김의 도를 실천하신 예수님을 날이 갈수록 닮아가므로 성품의 사람이 된 것처럼 예수님의 가르침을 받는 교회는 품위와 영향력을 가진 수준 높은 공동체가 되어야 한다.

#3
길을
닦는 자

예수님은 선구자이셨다. 가는 곳마다 개혁하셨다. 전통과 관습에 젖어 있는 자들의 안일함을 꾸짖으셨다. 헌신과 섬김 없이 대접만 받으려는 바리새인과 서기관들을 향해 강하게 책망하셨다. 듣기에 민망할 정도로 말씀하셨다.

"독사의 자식들아 너희는 악하니 어떻게 선한 말을 할 수 있느냐 이는 마음에 가득한 것을 입으로 말함이라"(마 12:34)

"화 있을진저 외식하는 서기관들과 바리새인들이여 회칠한 무
덤 같으니 겉으로는 아름답게 보이나 그 안에는 죽은 사람의 뼈
와 모든 더러운 것이 가득하도다"(마 23:27)

예수님은 길을 닦으셨다. 방해되는 것이 있으면 과감하게 제
거하셨다. 잘못된 것을 말씀으로 가르치시고 어느 때는 행동으
로 보여 주기도 하셨다. 섬기기 위해 오신 분의 모습과는 다르
게 보이지만 강력하게 방해물을 제거하신 것이다. 길을 닦는 데
방해가 되는 죄악을 정말 과감하게 제거하신 것이다. 사람들에
게 유익을 주기 위해 섬기신 주님은 인간을 파멸로 몰아넣는 그
어떤 것도 용납하실 수 없었던 것이다.

섬기는 자는 방해물을 제거하므로 거룩한 영향력을 확산시
킨다. 그러나 섬김을 받으려는 자는 악에 대해 별 관심이 없다.
자신에게 유익만 되면 악도 포용한다. 그리고 방해물을 제거하
기보다는 잠시 피하든지 아니면 미봉책을 쓴다. 사람들에게 너
그럽게 보인다. 적당하게 행동한다.

예수님은 정말 사람을 사랑하셨기에 바리새인들과 서기관
들의 잘못을 적당히 눈 감아 주지 않으셨다. 영혼을 병들게 하
는 것을 결코 용납하실 수 없었기 때문이다.

예수님은 힘들게 길을 닦으셨다. 예수님의 길 닦는 일은 사

람을 가르치는 일이었다. 철저하게 훈련시키셨고 제자들은 세
상을 변화시켰다. 이 모든 것은 예수님의 섬김의 정신에서 시작
되었다.

#4
사람을
세워 주는 자

예수님을 만난 많은 사람은 주눅이 들어 산 사람들이다. 그
당시 멸시받던 죄인, 창녀, 세리와 같은 자들이었다. 그들은 예
수님을 만난 이후 자부심을 가지고 살게 되었다.

섬김의 자세로 사람을 만나셨던 예수님은 가는 곳마다 용기
를 주고 사람을 세워 주셨다. 삭개오처럼 멸시받고 삶의 자신감
을 잃었던 자도 예수님을 만나서 새로운 삶을 살게 되었다. 우
울증에 걸린 사람이 감격을 가지고 살게 되고 감사의 삶을 살게
되었다.

예수님을 만난 자들은 이상하리만큼 변했다. 그들은 자신들
의 장점을 활용하기 시작했다. 그동안 묻혀 있던 재능을 발휘하
기 시작했다.

예수님의 열두 제자들도 대부분 별 볼일 없어 보이는 사람들이었다. 그러나 예수님을 만나 그들의 삶은 변화되기 시작했다. 다른 사람에게 용기를 주는 사람, 꿈을 심어 주는 사람이 되었다. 베드로와 요한은 평생 성전 문 앞에서 구걸하며 살 수밖에 없었던 앉은뱅이가 새로운 삶을 살 수 있도록 예수님을 전했다.

이처럼 섬기는 사람은 자신의 이익을 위함이 아니라 다른 사람들이 올바른 목표를 가지고 살도록 도와서 세상에서 거룩한 영향력을 행사하도록 한다. 마음이 병든 자, 육체가 병든 자 모두 예수님을 만나면 새로운 삶을 살게 된다.

예수님을 만나 섬김의 삶을 산 자들은 생의 목표를 발견했다. 그리고 그 가치 있는 목표를 향해 달렸다. 그리고 멋있게 세상을 살았다고 당당하게 고백했다.

> "나는 선한 싸움을 싸우고 나의 달려갈 길을 마치고 믿음을 지켰으니 이제 후로는 나를 위하여 의의 면류관이 예비되었으므로 주 곧 의로우신 재판장이 그 날에 내게 주실 것이며 내게만 아니라 주의 나타나심을 사모하는 모든 자에게도니라"(딤후 4:7~8)

#15
섬김과
겸손

이 땅에 오신 예수님의 일생은 겸손이었다

#15

종의 형상을 입고 이 땅에 오신 예수님의 일생은 겸손이었
다. 자기를 죽기까지 낮추실 수 있었던 것은 겸손 없이는 불가
능한 것이다. 하늘의 모든 영광을 버리고 낮고 천한 인간의 몸
으로 오셨다.

성경 여러 곳에서 예수님을 겸손하게 고난받는 종으로 표현
하고 있다.

"시온의 딸아 크게 기뻐할지어다 예루살렘의 딸아 즐거이 부를
지어다 보라 네 왕이 네게 임하시나니 그는 공의로우시며 구원
을 베푸시며 겸손하여서 나귀를 타시나니 나귀의 작은 것 곧 나
귀 새끼니라"(슥 9:9)

예수님께서는 나의 멍에를 메고 내게 배우라고 하셨다. 그 당시 일반적으로 스승과 제자 사이의 훈육 관계를 가르칠 때 이 표현을 사용했다. 멍에는 혼자 메는 것이 아니라 짝을 이루어 함께 멘다. 이처럼 우리도 하나님의 나라를 위해 예수님의 동역자가 되어 멍에를 메어보면 예수님을 더 깊이 알게 되어 겸손하지 않을 수 없게 된다.

모든 영역에서 예수님과 함께 하는 삶이야말로 무거운 짐에서 벗어나 가벼운 삶을 살게 되는 유일한 길이 되는 것이다. 어거스틴은 이렇게 말했다. '예수님의 멍에는 새의 깃털처럼 가벼워 창공을 마음대로 날아다닐 수 있다.'

#1
겸손의
유익

왜 인생이 힘들고 고통스러운가? 그것은 자신을 위한 삶을 살기 때문이다. 자신을 위해 움켜쥐려고 하면 삶이 힘들어진다. 그러나 예수님처럼 죄 많은 인생과 이 세상을 위해 산다면 쉼과 자유함을 누리는 삶이 될 것이다.

이런 삶은 예수님의 겸손을 배울 때 가능하다. 하나님은 겸손하지 않은 자와 상종하지 않으신다. 아니 오히려 겸손하지 않으면 대적하겠다고 하셨다. 그러므로 우리는 겸손하기를 소원해야 한다. 겸손 속에 모든 보화가 다 포함되어 있고 겸손한 자에게 하나님의 은혜가 임한다.

"그러나 더욱 큰 은혜를 주시나니 그러므로 일렀으되 하나님이 교만한 자를 물리치시고 겸손한 자에게 은혜를 주신다 하였느니라"(약 4:6)

"젊은 자들아 이와 같이 장로들에게 순종하고 다 서로 겸손으로 허리를 동이라 하나님은 교만한 자를 대적하시되 겸손한 자들에게는 은혜를 주시느니라"(벧전 5:5)

원숭이도 나무에서 떨어지는 경우가 있다. 운전에 자신 있다고 하는 사람들의 사고율이 더 높다. 신앙생활도 끝까지 겸손한 태도로 해야 한다. 하나님께서는 겸손한 자를 도우시고 은혜를 주신다.

교만한 자는 하나님 앞에 설 수가 없다. 천사들이 타락하여 하나님께 불순종한 것도 바로 교만 때문이었다. 성어거스틴은 이런 말을 했다.

"천사들을 악마로 바꾼 것은 교만이었고, 사람을 천사로 만든
것은 겸손이었다."

우리는 하나님의 피조물이다. 그러므로 하나님 앞에 철저히
겸손해야 한다. 겸손하지 않으면 성령의 능력을 힘입을 수도 없
고 하나님의 은혜는 더더욱 맛볼 수가 없다. 잃어버린 겸손을
찾을 때 비로소 하나님과의 관계가 회복되는 것이다.

특히 섬기는 자에게 더욱 겸손이 요구된다. 섬기면서 교만
해질 수 있기 때문이다. 자신도 모르게 공로를 내세우고 자랑할
수 있기 때문이다. 알고 보면 섬길 수 있는 것도 하나님이 주시
는 힘으로 하기 때문에 더더욱 겸손해야 하고 그 결과에 대해서
는 온전히 하나님께만 영광을 돌려 드려야 한다.

"각각 은사를 받은 대로 하나님의 여러 가지 은혜를 맡은 선한 청
지기 같이 서로 봉사하라 만일 누가 말하려면 하나님의 말씀을
하는 것 같이 하고 누가 봉사하려면 하나님이 공급하시는 힘으로
하는 것 같이 하라 이는 범사에 예수 그리스도로 말미암아 하나
님이 영광을 받으시게 하려 함이니 그에게 영광과 권능이 세세에

무궁하도록 있느니라 아멘"(벧전 4:10~11)

2

겸손과
순종

　창조주와 피조물의 차이는 우리가 감히 상상할 수 없을 만큼 엄청나다. 겸손이란 피조물의 위치를 잘 파악하고 하나님을 하나님으로 대하는 것이다.

　인도에 가서 복음을 전한 '윌리암 캐리'라는 영국인 선교사가 있다. 그는 성경의 전부 또는 일부를 인도의 34가지 방언으로 번역하였다. 그의 인생은 구두 수선공으로부터 시작하였다. 인도에서 선교할 때 사람들은 그를 혐오와 경멸의 눈초리로 바라보았다. 어느 만찬석상에서 한 사람이 거드름을 피우며 캐리에게 말했다. "캐리씨, 당신은 옛날에 구두 만드는 사람이었다지요?" 그는 이렇게 대답했다. "아닙니다. 저는 구두를 만들 수 있는 사람이 아니라 구두를 수선하는 수선공이었지요!"

　사람들은 보잘것없는 것을 자랑하고 그것이 대단한 것으로 착각한다. 하나님의 창조 능력 앞에서 인간은 더욱 겸손해야 한다. 겸손은 곧 순종으로 나타난다. 겸손과 순종은 쌍둥이와 같은 것이다.

사람들은 불순종이 얼마나 큰 교만인지를 인식하지 못한다. 하와는 하나님의 말씀 앞에 무조건 순종해야 할 피조물임을 망각하고 자신의 생각대로 행동하다가 에덴동산에서 누릴 수 있는 모든 특권을 박탈당하고 말았다.

예수님은 이 땅에 오셔서 자신을 드러내신 적이 없다. 예수님은 독자적으로 행동하지 않으셨다. 언제나 하나님의 뜻에 순종하며 하나님의 뜻을 드러내셨다.

"내가 아무 것도 스스로 할 수 없노라 듣는 대로 심판하노니 나는 나의 뜻대로 하려 하지 않고 나를 보내신 이의 뜻대로 하려 하므로 내 심판은 의로우니라"(요 5:30)

"이에 예수께서 이르시되 너희가 인자를 든 후에 내가 그인 줄을 알고 또 내가 스스로 아무 것도 하지 아니하고 오직 아버지께서 가르치신 대로 이런 것을 말하는 줄도 알리라"(요 8:28)

겸손과
하나님의 뜻

하나님께서 나를 왜 이 땅에 보내셨는지 알게 되면 겸손한 삶을 살 수밖에 없다. 하나님의 뜻을 알 때 삶의 모양이 달라지는 것이다. 하나님께서 주신 목적을 이루기 위해서는 겸손히 섬기지 않으면 안 된다. 그러므로 자신의 목적을 이루기 위해 사는 자는 교만하게 되는 것이다.

하나님의 뜻과 하나님의 나라는 언제나 겸손한 자에 의해 이루어진다. 하나님의 나라를 이루기 위해 섬긴 자들은 외적인 온화함 속에 강함과 담대함을 가지고 있었다. 주님은 겸손하신 분이었지만 강하고 담대하신 분이었다. 그것은 바로 하나님께서 맡겨주신 죄를 대속해야 할 큰 사명 때문이었다. 예수님의 제자들도 겸손하면서도 강하고 담대했기에 사역의 열매를 얻을 수 있었다. 그들은 하나님 말씀을 지키거나 전하는 데는 결코 양보가 없었다. 하나님의 뜻 앞에서는 한 치의 흔들림도 없었다. 하나님의 뜻을 이루어드리기를 원한다면 겸손한 섬김이 목표가 되고 소원이 되어야 한다.

그러나 겸손은 자신의 노력으로 되지 않는다. 겸손은 주님과의 관계에 따라 결정이 된다. 주님과 얼마나 깊은 관계 속에서 사느냐가 중요하다. 사탄은 순간순간 교만하게 만드는 미끼를 던지고 있다. 지식과 명예, 인기, 물질 등을 가지고 유혹한다. 교만해져야 한다고 속삭인다.

'네가 최고야! 네 생각이 정답이야!'

주님과 거리를 조금이라도 두면 어느 틈엔가 사탄은 우리의 등을 두드린다. 매일 하나님의 음성에 귀를 기울이는 경건의 생활을 게을리 한다면 사단은 그 틈을 절대 놓치지 않을 것이다. 기도하는 일에 열심을 기울이고 말씀 보는 시간과 주님의 명령인 영혼구원에 최선을 다해야 하는 이유가 바로 여기에 있다. 주님과 깊은 관계 속에서만 겸손한 삶을 살 수 있는 것이다.

주님을 통해 새로운 생명을 받은 우리는 주님 안에서 뿌리를 박고 살아야 한다. 지체가 머리의 지시를 받지 않고 살 수 없듯이, 우리도 주님과의 관계를 잠시라도 소홀히 하면 안 된다.

"머리를 붙들지 아니하는지라 온 몸이 머리로 말미암아 마디와 힘줄로 공급함을 받고 연합하여 하나님이 자라게 하시므로 자라느니라"(골 2:19)

#4

겸손을 통한
축복

    하나님은 섬김의 사람이 겸손의 자리에 앉게 하기 위해 노력하신다. 바울에게 하나님의 은혜를 간직하며 겸손하게 살도록 하시기 위해서 육체의 가시를 주셨다. 바울은 이 가시를 없애 달라고 세 번 기도했지만, 하나님께서는 그 가시가 오히려 축복임을 알려 주셨다. 그때부터 바울은 자신에게 주신 육체의 가시에 대해 감사하게 되었다.

> "여러 계시를 받은 것이 지극히 크므로 너무 자만하지 않게 하시려고 내 육체에 가시 곧 사탄의 사자를 주셨으니 이는 나를 쳐서 너무 자만하지 않게 하려 하심이라"(고후 12:7)

    겸손의 자리야말로 축복의 자리임을 성경은 말씀하고 있다. 하나님은 겸손한 자를 높이셔서 존귀한 자가 되게 하신다. 뿐만 아니라 겸손한 자가 진정한 하나님의 용사요 일꾼이기에 겸손한 자에게 준비된 하나님의 상급을 기대해도 좋을 것이다.

"겸손과 여호와를 경외함의 보상은 재물과 영광과 생명이니라"
(잠 22:4)

"지극히 존귀하며 영원히 거하시며 거룩하다 이름하는 이가 이
와 같이 말씀하시되 내가 높고 거룩한 곳에 있으며 또한 통회하
고 마음이 겸손한 자와 함께 있나니 이는 겸손한 자의 영을 소생
시키며 통회하는 자의 마음을 소생시키려 함이라"(사 57:15)

"그러므로 누구든지 이 어린 아이와 같이 자기를 낮추는 사람이
천국에서 큰 자니라"(마 18:4)

#16

섬김의
가치

섬김의 자세를 가진 자에게 기회를 주신다

#16

복음전파는 교회가 존재하는 목적이며 주님의 소원이다. 복음을 전하는 것은 지극히 당연한 일이며 크나큰 축복이다. 우리에게 이 귀한 사역에 섬길 기회를 주신 것은 감사한 일이 아닐 수 없다.

섬길 기회는 아무에게나 주시는 것이 아니다. 섬김의 자세를 가진 자에게 기회를 주신다. 섬김의 기회를 축복으로 여기고 잘 섬기면 하나님께는 영광을 돌리며, 섬긴 자는 하나님께서 주시는 은혜를 누리는 기회가 된다.

예수님께서 가버나움으로 가시는 도중에 제자들이 서로 토론하면서 자기의 주장이 옳다고 논쟁을 벌였다. 이 모습을 본 예수님께서 가버나움에 도착하셔서 "너희들이 길에서 한 논쟁이 무엇이냐?"라고 물으셨다. 이 질문에 대해 아무도 무슨 논쟁을 했는지 대답을 하지 않았다. 자기들끼리 서로 쳐다보며 예수님의 눈치를 살피고 있었다. 분명한 것은 쓸데없는 토론이나 예수님께서 좋아하시지 않는 논쟁을 한 것이다. 그들의 논쟁은 서로 "누가 크냐?"하는 것이었다.

예수님께서는 이 사건 직전에 제자들에게 자신이 당할 십자가의 죽음과 고난 그리고 부활에 대해 말씀하셨다.

"그 곳을 떠나 갈릴리 가운데로 지날새 예수께서 아무에게도 알리고자 아니하시니 이는 제자들을 가르치시며 또 인자가 사람들의 손에 넘겨져 죽임을 당하고 죽은 지 삼 일만에 살아나리라는 것을 말씀하셨기 때문이더라"(막 9:30~31)

주님은 자신이 지고 가실 십자가를 생각하며 걷고 계셨다. 그런데 제자들은 전혀 다른 생각을 하고 있었던 것이다.

예수님은 우리를 위해 모든 것을 다 주셨다. 생명까지 아낌없이 주셨다. 예수님은 오늘도 우리에게 말씀하신다.

"인자가 온 것은 섬김을 받으려 함이 아니라 도리어 섬기려 하고 자기 목숨을 많은 사람의 대속물로 주려 함이니라"(마 20:28)

머리와 마음의
차이

사도 바울은 로마 교회를 향해 편지하면서 자신을 예수 그리
스도의 종 바울이라고 소개하고 있다. 여기서의 종은 개인의 자
유가 완전히 무시된 자이다.

그러므로 복음의 정신 중에 가장 중요한 것은 '종의 자세'이
다. 그리스도인은 "봉사의 자세, 섬김의 자세를 가져야 한다.

예수님께서 제자들에게 자주 하신 말씀이 바로 "나는 섬기
러 왔노라"고 하신 것이다. 그리고 "너희도 섬기는 자가 되어야
한다."고 강조하셨다. 그래서 제자들은 이 사실을 머리로는 알
고 있었지만, 마음으로는 받아들이지 않았기에 누가 큰 자인가
를 논쟁한 것이다.

머리로는 아는데 마음으로 받아들이지 않고 행동하지 않는
것이 문제이다. 머리로는 알면서도 실제로 받아들이지 않은 제
자들의 모습이 오늘날 우리의 모습인지 모른다. 오랫동안 뿌리
내리고 있는 세상 문화의 영향이라고 할 수 있을 것이다. 세상
문화는 계급문화. 서열문화, 군림하는 문화이다. 그러니 예수님
을 믿어도 섬김의 삶, 섬김의 정신을 배운다는 것이 쉽지 않다.

한국인들에게 가장 무서운 병이 '서열병'이라고 한다. 사람을 만나기만 하면 묻는 것이 있다. "죄송하지만 연세가 어떻게 되십니까?"라고 묻고는 나이를 따진다. 한 살이라도 더 많으면 자신이 형이라고 어깨에 힘을 준다. 그리고는 촌수를 따지고 학번을 따진다.

언더우드 선교사는 새로운 선교사들이 한국에 오면 이런 교육을 했다고 한다. "한국은 권력구조로 이루어져있다. 상석과 하석을 잘 구분해야 인간대우를 받는다. 방에도 일등석, 이등석, 삼등석이 있다."고 말했다고 한다.

세상의 관습을 가지고 교회에 들어와서 그대로 유지하려고 하는 것이 문제이다.

집사라고 하는 말은 종이라는 의미이다. 집사가 되기를 원한다는 것은 섬기기를 좋아하고 종이 되기를 좋아한다는 뜻이다. 얼마나 바람직한 일인가! 집사라는 말속에 대접을 받는다는 의미는 1%도 없다. 대접하고 섬기고 종이 된다는 의미이다. '나는 이제부터 머슴이 되겠습니다.'라는 것이다.

그런데 많은 사람이 하나님이 뜻하신 직분과 세상의 계급을 혼동하고 있는 것이 문제이다.

하나님께서 직분을 주시는 것은 축복이다. 직분은 계급이 아니다. 그런데도 종이 서로 되려고 하니 참 대단한 일이 아닐 수 없다. 그런데 종이 되고도 종처럼 사는 것이 아니라 상전처럼 살려고 하는 것이 문제다.

직분과 은사가 이웃을 섬기라고 주신 것인데 그것을 가지고 자랑하고 다른 사람을 차별한다면 이는 하나님께서 본래 베풀어주신 의도와 다른 것이다.

#2
유혹

리처드 포스터가 쓴 『기도』라는 책에 보면 사람을 유혹하는 대표적인 것 세 가지가 돈과 이성과 권력이라고 했다. 그런데 가장 강렬한 유혹은 권력이라고 말하고 있다.

권력을 잡기 위해서 사람들이 얼마나 노력하는지 모른다. 어디서나 주도권을 잡기 위해 노력한다. 가정에서는 부부끼리 주도권을 잡기 위해 싸운다. 고부간의 갈등, 직장도 마찬가지다. 주도권 싸움이 치열하다. 한국인은 유교 문화의 영향을 받아 출세주의가 더욱 팽배해 있다.

그래서 종노릇 하는 것은 못났기 때문이라고 생각할 수 있다. 그러나 주님은 종노릇 하는 자가 으뜸이라고 하셨다.

진정한 섬김은 생색내지 않는 것이다. 그저 주님의 사랑으로 섬기는 것이 진정한 섬김이다. 인간적인 계산으로 생색내며 섬기다 보면 사탄의 유혹에 넘어가기 쉽다. 인정받고 싶은 유혹에 빠져 섭섭함이 몰려온다.

성도들은 섬길 수 있다는 사실 하나만으로도 감사해야 한다. 섬김은 축복이기 때문이다.

섬기면서 당하는 모욕이나 수치감을 참을 수 있다면 그 사람은 진정한 종이 된 것이다. 그러나 자존심이 상하고 무시당하는 느낌을 가지면 아직 종의 자세가 덜된 것이다. 종은 수치와 모욕도 아랑곳하지 않고 자기에게 맡겨진 일을 묵묵히 해나간다.

성도들은 종의 연습, 섬김의 연습이 필요하다. 섬기는 자가 으뜸이다. 이것이 성경의 진리다. 마가복음 9장 35절에서 예수님이 말씀하셨다.

"예수께서 앉으사 열두 제자를 불러서 이르시되 누구든지 첫째가 되고자 하면 뭇 사람의 끝이 되며 뭇 사람을 섬기는 자가 되어야 하리라 하시고"(막 9:35)

#17

하나님께 쓰임받기

초대교회 그리스도인들은 평범한 사람들이었다

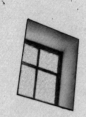

#17

하나님의 일에 쓰임 받기 위해서는 어떤 자격이 필요할까? 고린도전서 1장 26~29절에 이렇게 말씀하고 있다.

"형제들아 너희를 부르심을 보라 육체를 따라 지혜로운 자가 많지 아니하며 능한 자가 많지 아니하며 문벌 좋은 자가 많지 아니하도다 그러나 하나님께서 세상의 미련한 것들을 택하사 지혜 있는 자들을 부끄럽게 하려 하시고 세상의 약한 것들을 택하사 강한 것들을 부끄럽게 하려 하시며 하나님께서 세상의 천한 것들과 멸시 받는 것들과 없는 것들을 택하사 있는 것들을 폐하려 하시나니 이는 아무 육체도 하나님 앞에서 자랑하지 못하게 하려 하심이라"(고전 1:26~29)

초대교회 그리스도인들은 평범한 사람들이었다. 예수님의 제자들도 그랬다. 어부 출신이나 사람들의 조롱받는 세리 출신이었다. 그들에게는 준비된 지식이나 특별한 재능도 없었다. 그럼에도 성령의 인도하심을 받았던 그들은 세상 사람들에게 엄청난 영향력을 행사했다. 온 세상 사람들은 그들을 보고 놀랐다. 그들은 성령의 사람이었다.

> "오직 성령이 너희에게 임하시면 너희가 권능을 받고 예루살렘과
> 온 유대와 사마리아와 땅 끝까지 이르러 내 증인이 되리라 하시
> 니라"(행 1:8)

성령의 권능을 받은 제자들은 세계 곳곳으로 흩어져서 예수님의 증인이 되었다. 사람들은 제자들을 환영하거나 이해하려고 하지 않았다. 오히려 배척하고 핍박했다. 하지만 한편으로는 놀랐다. 그들의 변화와 섬김에 놀란 것이다.

영국과 오스트리아에서 40년간 감옥 생활을 한 스로스츠라는 죄수가 있었다. 이 사람은 40년 동안 감옥생활을 하면서 채찍에 400대나 맞았지만, 전혀 변화되지 않아 교도관들도 포기하고 말았다. 그러던 어느 날 교회에서 운영하는 숙박소에서 하루

를 머물다가 복음을 듣고 예수님을 믿게 되었다. 그는 출소 후에 18년간 봉사하며 살았다.

40년간의 감옥생활과 400대의 매도 변화시키지 못한 그를 하나님께서 바꾸어주신 것이다. 그는 예수 그리스도를 주님으로 영접하므로 하나님께 쓰임 받는 인생이 되었다. 복음을 들고 가는 자들은 다른 사람을 하나님께 쓰임 받는 사람으로 바꾸어주고 자신도 하나님께 쓰임 받는 복된 삶을 사는 것이다.

#1
하나님과의
관계 속에서

사람들은 어떤 일을 하기 위해서 능력을 구한다. 그러나 능력을 주시는 하나님과의 깊은 관계는 원하지 않는다. 능력을 주시는 분이 성령 하나님이심을 알지 못하기 때문이다.

하나님과의 교제가 없는 사람은 어떤 일도 할 수 없다. 매일 하나님과 깊은 교제를 하는 사람이 하나님으로부터 쓰임 받을 수 있다. 하나님과 매일 교제하는 사람은 성령의 인도하심에 민감한 사람이 되기 때문이다.

중국 선교사 허드슨 테일러는 이렇게 말하고 있다.

"나는 하나님의 도우심을 간구하곤 했다. 그 다음에는 내가 하나님을 섬길 일이 없는지 여쭈었다. 마침내 나를 통해 하나님이 역사하실 것을 구하게 되었다."

믿지 않는 사람들은 자신의 계획에 관심이 많지만 믿음의 사람들은 하나님의 계획에 관심이 많다.

사도 바울은 주님을 만나서 "주여 내가 무엇을 하리이까?"라고 여쭈었다. 그리고 우리를 죄로부터 구원하시기 위해 독생자 예수님을 십자가에 못 박으신 하나님의 계획에 대해 많은 관심을 가졌다. 이후 그는 하나님의 뜻을 이루어 드리기 위해 온 힘을 다해 섬겼다. 사도 바울의 사역의 열매는 엄청났다. 그 영향은 오늘까지 계속되고 있다.

인생은 하나님께서 주신 것으로 산다. 생명, 햇빛, 공기, 시간, 물질, 재능 등 어느 것 하나도 하나님께서 주시지 않은 것이 없다. 그러므로 하나님이 주신 것을 통해 우리의 업적을 자랑하는 것이 아니라 하나님의 뜻을 이루어 드려야 하는 것이다.

사도 바울은 모든 것을 갖춘 자였지만'사도 중에 지극히 작은 자'라고 했다. 하나님의 능력은 우리가 감히 말할 수조차 없다. 만약 우리에게 탁월한 능력이 있다면 그 능력은 하나님께서 주셨기에 하나님의 뜻에 따라 사용해야 한다. 하나님과 더 깊은 교제를 통해 하나님을 더욱 알아갈 때 지속적으로 쓰임 받을 수 있는 것이다.

#2

성령의
도우심으로

하나님의 능력을 인정하며 살아갈 때 어떤 장애물도 극복할 수 있다. 하나님은 우리의 재능만큼만 사용하기를 원하시지 않는다.

믿음의 사람들을 보면 하나님은 그 사람이 가진 능력보다 훨씬 더 많이 사용하신다. 하나님은 우리의 주인이시다. 종인 우리가 하나님께서 하라고 하신 것을 할 때 성령께서 도우신다. 생각하지 않은 능력을 주기도 하신다.

하나님은 우리의 역량에 따라 일하시는 것이 아니다. 하나님의 종임을 알고 순종할 때 성령께서 감당하도록 하신다. 성령의 능력으로 불가능한 일을 감당하는 것이다. 하나님의 눈은 세상의 외모와 조건을 가진 자들에게 향하지 않으셨다. 하나님께 순종하며 하나님을 찾는 자들에게 향하셨다. 그리고 능력을 부어 주셨다.

"여호와의 눈은 온 땅을 두루 감찰하사 전심으로 자기에게 향하는 자들을 위하여 능력을 베푸시나니 이 일은 왕이 망령되이 행하였은즉 이 후부터는 왕에게 전쟁이 있으리이다 하매"(대하16:9)

하나님께 쓰임 받은 사람들 중에는 너무나 평범한 사람들이 많다. 300명의 군사로 12만 명의 적을 물리친 기드온은 평범한 사람이었다. 기드온은 겁이 많아서 적으로부터 양식을 빼앗길 것을 걱정했다. 그래서 몰래 숨어서 밀을 포도주 틀에서 타작한 사람이었다. 하나님께서 임무를 맡기자 할 수 없다고 솔직하게 말했다.

"그러나 기드온이 그에게 대답하되 오 주여 내가 무엇으로 이스라엘을 구원하리이까 보소서 나의 집은 므낫세 중에 극히 약하고 나는 내 아버지 집에서 가장 작은 자니이다 하니"(삿 6:15)

전쟁의 결과는 모든 사람을 놀라게 했다. 300명이 12만 명을 이긴 기적을 맛본 것이다.

하나님의 뜻을 따를때에 하나님은 가만히 계시지 않는다. 성령께서 함께하실 뿐 아니라 능력을 주신다.

평범한 어부였던 베드로, 과수원의 노동자였던 아모스, 종살이하던 요셉, 양치기 다윗 등 하나님의 나라의 일꾼으로 쓰임받은 자들은 평범한 자들이었다.

"이와 같이 너희도 명령 받은 것을 다 행한 후에 이르기를
우리는 무익한 종이라 우리가 하여야 할 일을 한 것뿐이라 할지니라"

눅 17:10

#18

교회는
섬김의 학교
(섬김의 공동체 교회)

교회는 주님의 피로 값 주고 세워진 공동체이다

#18

교회는 주님의 피로 값 주고 세워진 공동체이다. 사도행전 20장 28절에서는 "여러분은 자기를 위하여 또는 온 양 떼를 위하여 삼가라 성령이 그들 가운데 여러분을 감독자로 삼고 하나님이 자기 피로 사신 교회를 보살피게 하셨느니라"고 말씀한다.

다시 말해 교회는 예수님께서 생명을 주심으로 세우신 이 세상에서 가장 존귀한 공동체이다. 예수님의 지극하신 사랑과 섬김으로 시작된 교회이기에 교회는 섬김의 세포로 가득 차야 한다. 예수님께서 섬김을 통해 하나님의 뜻을 이루셨듯이 교회도 섬김을 통해 하나님의 뜻을 이루어 드려야 하는 것이다.

교회가 섬김을 통해 하나님의 뜻을 이루어 가기 위해서는 섬김의 학교로서의 역할을 잘 감당해야 해야 한다. 예수님 자신도 섬기기 위해 오셨음을 분명히 밝히셨다.

#1

성도의
삶의 원리

하늘나라 백성인 성도의 삶의 원리를 한마디로 말하면 '섬김'이라는 단어로 표현할 수 있다. 그러므로 교회는 섬김의 학교가 되어야 하며 작은 교회인 가정도 섬김의 학교가 되어야 한다. 그리고 세상은 섬김의 현장이 되어야 한다.

성도들은 누구나 할 것 없이 섬김의 학교 학생임을 기억해야 한다. 학교에서 훈련을 잘 받아야 세상에서 영향력을 행사할 수 있기 때문이다.

이 사실을 잘 아시는 예수님은 섬기는 자가 으뜸이라고 하셨다. 철저히 섬김의 정신으로 가득 차 있을 때 주인 되신 하나님으로부터 칭찬을 받을 수 있다.

종이 주인을 신뢰하고 그 뜻에 최선을 다하듯이 우리 인생도 하나님을 신뢰하고 하나님의 뜻에 순종해야 한다. 일을 맡겨 주신 것에 감사하는 마음으로 기쁨으로 행해야 한다. 지혜로운 종은 쓰임 받은 것 자체로 만족한다.

"이와 같이 너희도 명령 받은 것을 다 행한 후에 이르기를 우리는

무익한 종이라 우리가 하여야 할 일을 한 것뿐이라 할지니라"(눅
17:10)

섬기면서도 자신의 유익을 구하는 것은 어리석은 짓이다. 종
의 초점은 언제나 주인의 뜻을 행하는 것으로 만족하는 것이 되
어야 한다.

#2
보상에 대한
욕심

섬김의 자세를 가진 종은 보상을 기대하지 않는다. 섬기는
자체로 만족하고 감사하기 때문이다. 보상에 대한 욕심을 버리
면 자유하며 일할 수 있다. 언제나 마음의 평정심을 유지하며
섬길 수 있다. 섬기면서 불평과 원망이 많다는 것은 보상 심리
가 강하다는 것이다. 보상심리가 큰 사람일수록 빨리 실망하고
시험에 든다. 인내하지 못하기 때문에 끝까지 섬길 수 없다. 인
정받지 못한 상처로 마음이 병든다.
　　보상에 대한 욕심은 실망하고 포기하게 만든다. 사람에게 인

정받지 못하는 것을 못 견디는 자는 자신의 꿈은 이룰지 몰라도 주님으로부터 인정받지는 못한다.

지혜로운 종은 남이 인정하든지 하지 않든지 마음 쓰지 않는다. 맡겨진 일이 크든지 작든지 한결같은 자세를 가진다. 주인의 뜻을 행하여 주인을 기쁘시게 해 드리는 것이 목적이기에 주인이 올 때까지 최선을 다한다.

끝까지 맡겨진 일에 최선을 다할 수 있는 것은 섬김의 자세가 되어 있을 때 가능하다. 우리는 주님께서 다시 오실 때까지 묵묵히 섬기는 것이 마땅하다.

#3

가장
지혜로운 자

섬김의 정신으로 가득 찬 사람은 정말 실속있는 사람이요 가장 지혜로운 자이다. 많은 경우 일시적인 대가나 이익에 현혹되지만 섬김의 정신을 가지면 오직 주인의 마음을 시원하게 해 드리는 것이 목적이기에 자신의 이익이나 일시적인 유혹에 넘어가지 않는다.

섬김은 주인을 기쁘게 해 드리고 이웃에게 유익을 주고 자신도 기쁨이 된다. 기쁨을 나누어 주는 영향력 있는 사람이 되는 것이다.

교회는 섬김의 학교이다. 성도들의 가정도 섬김의 학교가 되어야 한다. 하늘나라에서는 섬김의 학교인 교회에서 잘 훈련 받은 자가 첫째가 되어 칭찬을 받게 될 것임을 기억하고 섬김의 자리에 있는 것을 감사하며 섬기는 지혜자가 되어야 할 것이다.

"오직 너희의 하나님 여호와께 가까이 하기를
오늘까지 행한 것 같이 하라"

#19

섬김과
경건생활

섬김의 삶을 살기 위해서는 꾸준한 신앙의 노력이 필요하다

#19

사람들은 다이어트에 관심이 많다. 열심히 음식 조절과 운동으로 날씬한 몸을 만들었다가 얼마 후에 보면 다시 예전보다 더 뚱뚱해진 모습이 되기도 한다. 꾸준한 관리와 노력이 부족하기 때문이다.

섬김의 삶을 살기 위해서는 꾸준한 신앙의 노력이 필요하다.

이스라엘 백성들이 가나안을 평정한 후 여호수아가 지도자들을 불러놓고 고별설교를 하면서 하나님과 더욱 친근한 관계를 유지해야 한다는 메시지를 전했다.

"오직 너희의 하나님 여호와께 가까이 하기를 오늘까지 행한 것 같이 하라"(수 23:8)

지금까지 하나님을 의지하고 신뢰했던 모습 그대로 하나님을 섬기라는 것이다.

섬김의 삶을 그대로 유지하지 못하는 이유는 자신을 과대평가하기 때문이다.

신앙생활을 나름대로 잘하고 있다고 생각하면 자만심을 가지게 되고 그 자만심이 자신을 이전의 모습으로 돌아가게 한다. 고래가 가장 높이 뛰어올라 물을 내뿜으며 자랑할 때 작살에 맞기 쉽다고 한다. 항상 겸손한 태도로 살아가야 한다.

섬김의 자세를 유지하는데 경계해야 할 것 중에 또 하나는 타협하려는 마음이다. 편하게 신앙생활을 하고 싶은 마음을 이겨야 한다. "적당하게 하면 되지, 그렇게 힘들게 할 필요가 있겠어?"라는 생각은 사단이 주는 달콤한 속삭임임을 알아야 한다.

#1
영적인
점검

자동차 점검을 게을리하면 사고와 직결된다. 오래된 타이어를 그대로 두면 달리는 도로에서 차가 전복되어 대형 사고를 일으키게 된다. 정기적으로 건강검진을 소홀히 하면 몸의 상태가 악화된 후에 발견하거나 자신도 모르게 병으로 죽어갈 수 있다.

이처럼 자신의 영적 상태에 대해 점검을 게을리하면 영적 대형 사고를 유발하게 된다. 성경에서는 이 사실을 지적하고 있다.

"너희는 믿음 안에 있는가 너희 자신을 시험하고 너희 자신을 확증하라 예수 그리스도께서 너희 안에 계신 줄을 너희가 스스로 알지 못하느냐 그렇지 않으면 너희는 버림받은 자니라"(고후 13:5)

"우리가 스스로 우리의 행위들을 조사하고 여호와께로 돌아가자"(애 3:40)

섬김의 영성을 유지하기 위해서는 내 속에 죄악의 찌꺼기가나 자신을 사로잡고 있는 건 아닌지 수시로 점검해야 한다. 음식물 쓰레기를 오래 두면 주방 뿐 아니라 온 집안이 음식물 쓰레기 냄새로 모든 사람을 괴롭힐 것이다. 집안 전체에 냄새가 배어서 냄새를 빼는 데 오랜 시간이 걸릴 것이다. 쓰레기는 수시로 버려야 한다.

영적인 쓰레기를 오랫동안 방치해두면 치우는 데만 엄청난 시간과 노력이 든다는 사실을 알아야 한다. 일정한 시간을 정해 놓고 버리는 것도 중요하지만 수시로 자신의 영적 쓰레기를 버리는 것도 중요하다. 아직도 죄 가운데 거하고 있거나 하나님께 불순종하고 있는 것이 무엇인지 빨리 살펴서 돌이키는 것이 중요하다.

먼저 마음의 상태를 살펴보자. 마음이 아픈가? 아픈 증세가 오래 지속되고 있는가? 마음이 지쳤는가? 예전처럼 열정이 없는가? 어떤 일이든 앞에 나서서 적극적으로 섬기고 싶은 마음이 없는가? 화가 나 있는가? 누구를 원망하고 있는가? 염려하거나 두려워하고 있는가? 이런 문제가 있다면 하나님께 무릎을 꿇어야 한다. 문제의 해결을 위해 기도하며 하나님 말씀 안에서 해결책을 찾고 행하므로 해결 받고자 하는 적극적인 자세를 가져야 한다.

두 번째로 점검해야 할 부분은 관계에 대한 부분이다. 우리를 괴롭게 하는 것은 사람과의 관계이다. 내게 상처를 준 사람 때문에 평생 괴로워할 필요가 없다. 괴로워한다는 것은 상처를 준 사람을 마음속에서 공짜로 숙박시키고 있기 때문이다. 어떤 사람은 5년, 어떤 사람은 10년, 오래되면 평생이 될 수도 있다. 지금도 공짜로 숙박하고 있는 사람은 없는지 살펴야 한다. 그 사람을 용서하고 내 마음에서 숙박하지 못하도록 해야 한다.

#2

하나님과의
교제 시간

어떤 경우에도 하나님과의 교제의 시간은 양보하면 안 된다. 정규예배 시간은 물론이며 새벽 예배에 꾸준히 나오는 것은 더 없이 좋은 방법이다. 기도의 시간을 정해서 하나님께 문제해결을 위해 기도하고 하루의 일과를 살피는 것도 좋을 것이다.

링컨은 기도시간에는 아무도 만나지 않았고 기도를 통해 나라의 어려움을 해결했다고 한다.

남북 전쟁이 치열하게 계속되던 어느 날, 인기배우 '제임스 머독'이 링컨의 초청으로 백악관에 머물게 되었다. 그는 링컨과 전쟁에 대한 이야기들을 나누다가 밤이 늦어서야 잠자리에 들게 되었다. 이른 새벽, 어디선가 들려오는 흐느끼는 신음소리 때문에 더는 누워 있을 수가 없었다. 들려오는 소리를 따라가던 머독의 발이 멈춘 곳은 복도 깊숙이 위치한 대통령 집무실이었다. 신음하며 부르짖는 소리는 바로 링컨의 기도 소리였다.

사랑의 하나님 저는 부족한 종입니다. 제 힘으로 할 수 없습니다. 새 힘을 공급해 주시고 용기를 잃지 않게 도와주시고, 마지막 순간까지 하나님과 동행할 수 있도록 저를 지켜 주옵소서. 이 민족을 긍휼히 여겨 주시고 하루 빨리 전쟁이 끝나 통일된 나라를 이룰 수 있도록 도와주시옵소서. 전쟁에서 죽어가는 젊은이들을 보호하여 주시옵소서…

하나님과의 교제시간 중에 말씀 묵상을 빠뜨릴 수 없다. 묵상이란 삶의 속도를 늦추고 하나님 말씀을 듣는 것이다. 바쁜 생활로 인해 영적인 회복과 성장을 방해받을 수 있기에 말씀묵상이야말로 영적인 능력이 되는 것이다.

사탄은 우리를 바쁘게 만들어 하나님과 단둘이 있는 시간을 가지지 못하도록 한다. 그러므로 지금 현재의 분주함이 사탄이 의도하는 바가 아닌지 점검해야 한다. 지속적으로 말씀을 묵상하는 자는 죄의 유혹을 이길 수 있고 하나님이 원하시는 섬김의 삶을 지속적으로 살 수 있기 때문이다.

"복 있는 사람은 악인들의 꾀를 따르지 아니하며 죄인들의 길에 서지 아니하며 오만한 자들의 자리에 앉지 아니하고 오직 여호와의 율법을 즐거워하여 그의 율법을 주야로 묵상하는도다"(시 1:1~2)

#20

믿음의
사람들의 섬김

하나님은 성도들이 거룩함을 추구하기를 원하신다

#20

섬김으로 세상에서 영향력을 행사했던 사람들의 공통점은 거룩함을 추구했다는 것이다.

하나님은 성도들이 거룩함을 추구하기를 원하신다. '거룩'이란 '하나님을 위해 구별하여 놓음' 또는 '정결하게 하여 하나님께 드림'이라는 뜻이다. 하나님은 우리가 마음에서부터 거룩함을 추구하며 살아가기를 원하신다. 사람들은 겉으로 드러난 행동을 보지만 하나님은 마음까지 보신다.

"기록되었으되 내가 거룩하니 너희도 거룩할지어다 하셨느니라"

(벧전 1:16)

이 말씀을 볼 때마다 우리의 마음을 살펴야 한다. 일반적으로 사람들은 금욕주의나 거룩한 말과 행동을 보며 거룩의 모델이라고 생각한다. 예수님은 그 당시 거룩과 경건의 모델이라고 인정받던 바리새인들과 서기관들을 얼마나 많이 책망하셨는가?

거룩함은 섬김으로 나타난다. 하나님께서 원하시는 거룩함을 추구한 믿음의 사람들은 섬김의 삶을 살았다. 섬김을 통해 영향력을 행사할 수 있었다.

#1
아브라함

믿음의 조상으로 '열국의 아비'라는 뜻을 가진 아브라함은 하나님을 섬기기 위해서 고향을 떠나 가나안 땅으로 들어간다. 기근으로 인해 애굽으로 가서 바로를 속인 것 때문에 어려움을 당할 수 있었지만, 하나님의 도우심으로 거부가 되어 가나안으로 돌아온다. 이후 가축과 종이 많아져 조카 롯이 함께 하기 어려워지자 평화를 위해 헤어진다.

많은 사람이 아브라함은 믿음의 사람이요 순종의 사람임을 잘 안다. 그러나 아브라함 속에 있는 섬김의 영성에 대해서는 지나칠 수 있다. 아브라함은 하나님을 섬겼다. 정성껏 예배하는 예배자였다. 하나님으로부터 가나안에 대한 약속을 받자 벧엘에서 단을 쌓아 하나님의 이름을 불렀다. 아들 이삭을 바치라는 하나님의 명령에 따라 이삭을 제물로 드렸다. 모리아산에서 드린 아브라함의 제사는 하나님께 모든 것을 다 드린 제사였다. 자신의 아들을 드렸으니 하나님의 마음이 어떠하셨을지는 짐작해 볼 수 있다.

아브라함의 섬김은 하나님의 사자들을 섬기는 모습에서도 잘 나타나 있다.

"눈을 들어 본즉 사람 셋이 맞은편에 서 있는지라 그가 그들을 보자 곧 장막 문에서 달려나가 영접하며 몸을 땅에 굽혀 이르되 내 주여 내가 주께 은혜를 입었사오면 원하건대 종을 떠나 지나가지 마시옵고 물을 조금 가져오게 하사 당신들의 발을 씻으시고 나무 아래에서 쉬소서 내가 떡을 조금 가져오리니 당신들의 마음을 상쾌하게 하신 후에 지나가소서 당신들이 종에게 오셨음이니이다 그들이 이르되 네 말대로 그리하라 아브라함이 급히 장막으로 가서 사라에게 이르되 속히 고운 가루 세 스아를 가져다가 반죽하여 떡을 만들라 하고 아브라함이 또 가축 떼 있는 곳으로 달려가서 기름지고 좋은 송아지를 잡아 하인에게 주니 그가 급히 요리한지라 아브라함이 엉긴 젖과 우유와 하인이 요리한 송아지를 가

져다가 그들 앞에 차려 놓고 나무 아래에 모셔 서매 그들이 먹으
니라"(창 18:2~8)

하나님의 사자들을 잘 섬기기 위해 정성을 다하는 아브라함
의 모습은 왕을 대접하는 충성스러운 하인을 연상시킨다. 이런
그에게 자손의 복은 당연한 것이라고 여겨진다.

뿐만 아니라 조카 롯에 대한 섬김의 모습은 아랫사람에게 어
떤 자세를 가져야 하는가를 잘 보여주고 있다. 하나님께서 모든
일의 주관자이심을 믿었기에 섬김의 자세로 양보할 수 있었다.
땅의 선택권을 먼저 주는 여유는 하나님의 주권을 믿는 자만이
할 수 있는 섬김이라고 할 수 있다.

또한 롯이 포로로 잡혔을 때 구출한 사건(창 14:14~16)과 소돔
의 심판 앞에 하나님의 긍휼을 거듭 호소하는 모습에서 아브라
함이 섬김의 사람이었을 알 수 있다.

아브라함은 탁월한 지도자였다. 바로 섬김의 사람이었기에
그의 리더십이 더 돋보인 것이다.

2

요셉

성경에 나오는 인물 중에 사람들이 가장 닮고 싶어 하는 인물 중의 하나가 요셉이다. 많은 사람이 요셉의 성공에 관심이 많다. 그러나 우리는 그의 삶에 관심을 가져야 한다. 파란만장한 삶을 산 사람이 바로 요셉이다.

고통을 이길 수 있는 힘이 있어야 하나님의 나라를 섬길 수 있다. 요셉은 낮아짐의 비밀을 아는 자였다. 아버지의 사랑만 받던 요셉이 형들로부터 미움을 받아 애굽에서 종살이를 시작하지만 요셉은 낮고 천한 자리에서도 적응을 잘하였다. 하나님이 인도하시는 길 가운데는 높고 귀한 자리뿐 아니라, 낮고 천한 자리도 준비되어 있음을 안다면 결코 피할 이유가 없다. 한번 높아지면 내려오지 않으려고 발버둥 치는 것이 인생이다. 그러나 요셉은 낮은 자리, 고통과 치욕의 자리까지 잘 견디었다.

요셉을 향해 학자들은 그리스도의 전형이라고 한다. 하늘 보좌에서 세세토록 영광을 누리셔야 할 예수님께서 모든 영광을 버리시고 미천한 지상에서 고난과 시련의 사역을 담당하신 것이다. 예수님의 낮아짐과 고난 속에는 부활이 숨겨져 있었다. 요셉의 수치와 모욕 뒤에는 영광이 숨겨져 있었다. 주님의 일이라면 낮아짐과 수난도 참을 만하다. 그 속에는 부활의 영광이 있기 때문이다.

요셉은 언제나 하나님 앞에서 살았기에 높고 낮은 자리에 연연하지 않았다. 하나님의 뜻대로 살면 되었다. 하나님의 뜻대로 살았기에 하나님은 요셉을 귀하게 여기셨다.

요셉은 자신이 하나님 앞에서 살아가고 있다는 사실을 항상 인식하였다. 아무도 보는 사람이 없을지라도 하나님께서 보고 계심을 분명하게 알았다. 그는 보디발의 아내의 유혹도 당당히 물리쳤다.

"이 집에는 나보다 큰 이가 없으며 주인이 아무것도 내게 금하지 아니하였어도 금한 것은 당신뿐이니 당신은 그의 아내임이라 그런즉 내가 어찌 이 큰 악을 행하여 하나님께 죄를 지으리이까"(창 39:9)

요셉에게서 배워야 할 또 하나의 모습은 하나님의 약속에 대해 흔들림 없이 신뢰했다는 것이다. 요셉은 힘든 시련 가운데서도 여유 있고 자신만만한 삶을 살았다. 그 이유가 바로 하나님의 약속인 말씀을 믿고 살았기 때문이다. 요셉은 보이지 않는 하나님의 약속을 보는 것처럼 살았다. 요셉은 하나님의 약속이 자신의 죽음 이후에도 이루어질 것임을 분명히 알았다. 하나님께서 아브라함, 이삭, 야곱에게 말씀하신 약속이 반드시 이루어질 것을 알았다. 요셉은 죽음에 앞서 자신의 뼈를 보관했다가 출애굽할 때 가지고 가라고 유언했다. 그의 유언대로 모세가 출애굽할 때 요셉의 유골을 들고 가나안으로 간다.(출 13:19) 요셉은 자신의 죽음 이후에도 하나님 말씀이 이루어질 것에 대해 추호도 의심하지 않았던 것이다. 이후 이스라엘 민족은 애굽에서 사백 년 동안 고난을 받다가 약속의 땅 가나안으로 돌아가게 된다.

하나님 말씀으로 세상을 지으신 하나님은 오늘도 말씀으로 우리를 이끄신다. 그러므로 말씀에 대한 신뢰야말로 하나님을 섬길 수 있는 가장 큰 힘이 되는 것이다.

"믿음으로 요셉은 임종시에 이스라엘 자손들이 떠날 것을 말하고 또 자기 뼈를 위하여 명하였으며"(히 11:22)

"모세가 요셉의 유골을 가졌으니 이는 요셉이 이스라엘 자손으로 단단히 맹세하게 하여 이르기를 하나님이 반드시 너희를 찾아오시리니 너희는 내 유골을 여기서 가지고 나가라 하였음이더라"
(출 13:19)

#3

다윗

    사무엘 선지자는 하나님의 명령에 따라 사울의 뒤를 이을 왕을 선택하기 위해 이새의 집으로 갔다. 이새의 집에는 쟁쟁한 아들들이 있었다. 외모가 출중하고 왕이 되어도 손색이 없어 보이는 엘리압은 사무엘 선지자의 마음을 사로잡았다. 사무엘은 바로 이 청년이야말로 이스라엘의 지도자감이 틀림없다고 생각했다. 그런데 하나님께서는 엘리압은 아니라고 하신다.

    이새의 막내아들 다윗은 그날도 들에서 양을 치고 있었다.

    다윗은 자신의 사명을 귀하게 여겼다. 자신에게 맡겨진 일에 최선을 다하여 섬기는 순수한 청년이었다. 그날은 사무엘 선지자가 집에 방문하는 특별한 날이니 아버지에게 부탁해서 한 번 정도 양치는 일을 다른 하인에게 맡길 수도 있었을 것이다. 그러나 다윗은 자신의 일에 최선을 다했다. 양치는 일이 적은 일처럼 보여도 다윗에게는 결코 적은 일 아니었기 때문이다.

    양을 치던 다윗은 영문도 모른 채 집으로 불려갔다. 사무엘 선지자를 만날 아무런 준비도 하지 못한 채 말이다. 아버지 이새에게 불려갔을 때 다윗은 양을 치던 작업복 차림이었을 것이다.

    하나님은 평소에 준비된 사람을 사용하신다. 다윗은 적은 일

244 _ 섬김

에 충성하며 점점 강해졌다. 다윗은 사자가 나타나면 생명을 걸고 물맷돌로 사자와 곰을 쫓았다. 결코 도망하거나 움츠러들지 않았다. 처음에는 양을 치키기 위해 맹수들을 물리쳤지만, 나중에는 이스라엘을 위협하는 거인 골리앗을 죽였다. 다윗의 힘은 적은 일에 충성하며 길러진 힘이었다.

달란트 비유에서의 두 달란트 다섯 달란트 받은 자의 칭찬이 바로 적은 일에 충성한 결과였음을 기억해야 한다. 하나님께 쓰임 받은 자는 모두 적은 일에 충성한 자들이었다.

"그리고 맡은 자들에게 구할 것은 충성이니라"(고전 4:2)

#4

엘리사

엘리사 선지자의 제자 중 하나가 죽었을 때 그 아내가 자신의 비참한 삶을 호소했다. 엘리사는 여인이 가진 전부인 기름 한 병으로 이웃에게 빌린 모든 그릇에 기름을 채워 주므로 채무자들로부터의 고통에서 벗어나게 해 준다.

엘리사는 하나님을 경외하는 자였다.(왕하 4:1) 하나님을 경외하는 자는 하나님의 뜻을 행하기 위해 노력한다. 하나님을 경외한 엘리사는 하나님의 기적을 통해 어려움에 빠진 죽은 제자의 가정을 위기에서 구해 준다. 하나님이 사용하신 섬김의 사람들에게는 하나님에 대한 경외심이 마음 깊이 뿌리내려 있음을 알 수 있다.

하나님을 경외하는 자에 대한 하나님의 마음을 성경 여러 곳에서 찾아 볼 수 있다. 신명기 17장에 보면, 왕위에 오른 왕은 레위 사람들인 제사장들이 보관하고 있던 율법을 두루마리 책에 기록하게 한다. 그리고 항상 곁에 두고 평생 동안 읽어서 하나님 여호와를 경외하고 이 율법과 규례의 모든 말씀을 지키라고 한다. 그리하면 백성들로부터 인정을 받아 그와 그의 자손들이 왕위를 오래 유지할 수 있다고 말씀한다.

"그가 왕위에 오르거든 이 율법서의 등사본을 레위 사람 제사장 앞에서 책에 기록하여 평생에 자기 옆에 두고 읽어 그의 하나님 여호와 경외하기를 배우며 이 율법의 모든 말과 이 규례를 지켜 행할 것이라 그리하면 그의 마음이 그의 형제 위에 교만하지 아니하고 이 명령에서 떠나 좌로나 우로나 치우치지 아니하리니 이스라엘 중에서 그와 그의 자손이 왕위에 있는 날이 장구하리라"

(신 17:18~20)

#5

느헤미야

느헤미야는 자기 민족을 사랑했다. 자신은 부와 명예를 얻고 출세했지만 한시도 조국과 그 백성에 대해 잊은 적이 없었다.

당시 아닥사스다왕의 술 관원으로 있던 느헤미야는 왕이 먹는 술에 독이 들어 있는지 없는지를 살펴서 왕의 생명을 보호하는 경호실장과 같은 역할을 했다. 그야말로 출세가도를 달리고 있었다. 출세한 후에도 그는 자기 민족의 아픔을 내 아픔처럼 여겼다. 자신이 가진 부와 명예를 자신만을 위해 사용하지 않고 나라와 백성을 위해 사용한다면 이보다 더 가치 있는 삶은 없을 것이다. 느헤미야는 하나님이 주신 것으로 민족을 위해 섬겼다.

느헤미야는 그의 형제 '하나니'로부터 안타까운 소식을 듣고 앉아서 울고 수일 동안 슬퍼했다. 그리고 하나님 앞에서 울며 금식하며 기도했다.

"내가 이 말을 듣고 앉아서 울고 수일 동안 슬퍼하며 하늘의 하나님 앞에 금식하며 기도하여"(느 1:4)

성도들은 나라를 사랑해야 한다. 나라의 문제를 보고 금식하며 하나님께 부르짖는다면 이보다 더한 나라 사랑은 없을 것이다.

느헤미야는 민족의 문제와 해결책이 무엇인지 알았다. 그의 기도를 보면 우리가 민족을 향해 어떻게 섬겨야 하는지를 알 수 있다.

"이르되 하늘의 하나님 여호와 크고 두려우신 하나님이여 주를 사랑하고 주의 계명을 지키는 자에게 언약을 지키시며 긍휼을 베푸시는 주여 간구하나이다 이제 종이 주의 종들인 이스라엘 자손을 위하여 주야로 기도하오며 우리 이스라엘 자손이 주께 범죄한 죄들을 자복하오니 주는 귀를 기울이시며 눈을 여시사 종의 기도를 들으시옵소서 나와 내 아버지의 집이 범죄하여 주를 향하여 크게 악을 행하여 주께서 주의 종 모세에게 명령하신 계명과 율례와 규례를 지키지 아니하였나이다"(느 1:5~7)

느헤미야는 하나님이 어떤 분이신지 분명하게 알았고 민족에게 다가온 위기가 무엇 때문인지 알았다. 그는 하나님께 기도하고 있다. 그의 기도는 '하늘의 하나님 여호와 크고 두려우신 하나님이여!'라고 시작하고 있다. 하나님은 '하늘의 하나님'으로 전우주적인 주권을 가지고 계심을 고백한다. 또한 '크고 두려우신 하나님'으로 모든 역사를 주관하시며 국가의 흥망성쇠를 쥐고 계신 하나님으로 고백하고 있다.

느헤미야는 나라의 위기가 범죄하고 회개하지 않은 결과임을 알고 있었다. 느헤미야는 위기를 방관하고 바라보지 않았다. 기도가 역사를 바꾼다는 사실을 확신하고 기도한 것이다.

느헤미야는 이스라엘 자손의 범죄를 자신이 죄를 지은 것처럼 주야로 기도했다. 울고 금식하며 회개한 느헤미야의 기도가 역사를 바꾸었다.

느헤미야는 기도하면서 내가 무엇을 할 것인가를 깨달았다. 기도만 하고 끝내지 않고 기도하면서 헌신을 결단했다. 부귀영화의 자리를 포기하고 예루살렘으로 달려가 성벽을 재건하겠다고 결단한 것이다.

하나님은 섬기는 사람을 통해서 일하신다. 기도하며 결단하고 행한 느헤미야처럼 나라와 민족에게 꼭 필요하고 중요한 사람이 되어야 한다. 느헤미야의 기도처럼 이 민족의 미래를 위해 기도하며 내가 해야 할 섬김이 무엇인지 찾아야 할 것이다.

6

나오미와
룻

나오미와 두 자부가 사는 집의 형편은 너무나 어려웠다. 마침 고향에는 하나님께서 도와주셔서 양식을 주셨다는 소식을 듣게 되었다. 나오미는 고향으로 돌아가기로 결정했다, 그리고 두 자부를 불러서 이곳에서 좋은 남자 만나서 잘 살라고 말하고 자신은 고향으로 돌아가겠다고 했다. 세 사람은 헤어짐의 슬픔으로 서로 부둥켜안고 울었다. 그런데 자부 룻은 끝까지 시어머니를 따라가겠다고 한다. 결국 나오미는 말려도 끝까지 같이 가겠다는 자부를 데리고 고향으로 돌아갔다.

우리는 항상 선택의 갈림길을 걸으며 살아가고 있다. 룻이 시어머니 나오미와 함께 가기로 선택한 것은 우연이 아니다. 나오미의 신앙과 삶에 영향을 받았기 때문이다. 나오미가 자부를 사랑하지 않고 함부로 대하고 부리는 시어머니였다면 그 결과는 달라졌을 것이다. 사랑의 섬김은 큰 힘이 있고 선한 영향을 준다. 섬겨주는 동행자가 있으면 가는 길이 멀어도 멀지 않게 느껴지고 힘들어도 힘들게 느껴지지 않는다.

오래전에 등산을 하면서 함께 등산하던 연세 많은 목사님을 여러 가지로 섬겨드렸더니 "어제는 혼자 이 길을 가면서 참 멀게 느껴졌는데 오늘은 배목사와 함께 가니 금방 온 것 같다."고 했다. 섬겨주는 동행자가 함께하면 여행을 쉽고 즐겁게 할 수 있다.

신앙생활은 동행자의 영향을 받는다. 주위에 어떤 사람이 있는가가 중요하다. 나오미는 평소에 좋은 시어머니였다. 자부를 따뜻한 마음으로 사랑하고 배려하였다. 자부들을 고향으로 돌려보내려 할 때 시어머니와 두 자부의 모습 속에서도 알 수 있다.

"나오미가 두 며느리에게 이르되 너희는 각기 너희 어머니의 집으로 돌아가라 너희가 죽은 자들과 나를 선대한 것 같이 여호와께서 너희를 선대하시기를 원하며 여호와께서 너희에게 허락하사 각기 남편의 집에서 위로를 받게 하시기를 원하노라 하고 그들에게 입 맞추매 그들이 소리를 높여 울며"(룻 1:8~9)

나오미가 믿음을 가졌다고 해도 자부들을 힘들게 한 시어머니였다면 룻의 선택이 달라졌을 것이다. 섬기면서 살아가면 주변 사람을 믿음의 길로 인도하는데 훨씬 큰 영향이 있는 것이다.

섬김의 삶을 살면 세상을 변화시키고 세상을 이끈다. 섬김 뒤에는 반드시 좋은 열매가 있다. 예수님의 섬김은 우리를 죄로부터 구원해 주셨다. 예수님의 십자가 죽음 뒤에 부활이 있었듯이 섬김 뒤에는 영광이 있다. 나오미의 섬김은 룻을 섬김의 사람으로 만들었다. 룻의 섬김은 이후 그에게 큰 영광이 되었다. 룻은 이후에 보아스와 결혼하게 되고 다윗의 족보에 이름을 새기는 영광을 누리게 되었다.

섬김의 사람은 비전의 사람이다. 룻은 힘든 섬김이 요구되는 시어머니를 선택한 결과 자신이 생각하지 못한 결과가 주어졌다. 섬기는 자에게 미래가 있고, 좋은 열매가 있음을 기억해야 한다.

"룻이 이르되 내게 어머니를 떠나며 어머니를 따르지 말고 돌아가라 강권하지 마옵소서 어머니께서 가시는 곳에 나도 가고 어머니께서 머무시는 곳에서 나도 머물겠나이다 어머니의 백성이 나의 백성이 되고 어머니의 하나님이 나의 하나님이 되시리니"(룻 1:16)

"살몬은 라합에게서 보아스를 낳고 보아스는 룻에게서 오벳을 낳고 오벳은 이새를 낳고 이새는 다윗 왕을 낳으니라 다윗은 우리야의 아내에게서 솔로몬을 낳고"(마 1:5~6)

#7

나사로의 누이
마리아

미국의 자동차 왕 헨리 포드는 대기업을 일으킨 뒤 고향에 조그마한 집 한 채를 지었다. 대기업 총수가 살기에는 평범한 집이었다. 대기업 총수가 살기에는 너무 초라한 것 같다고 사람들이 말하자 헨리포드는 얼굴에 가득 미소를 띠며 대답했다.

"가정은 건물이 아니다. 비록 초라하게 보여도 예수님의 사랑이 넘치면 그곳은 위대한 집이다."

예수님의 사랑은 모든 사람을 감동시켰다. 예수님은 하늘 보좌의 영광을 버리고 낮고 천한 인간의 몸으로 이 땅에 오셨다. 인간의 몸을 입고 찾아오신 예수님의 사랑은 최고의 사랑이다. 죄 없으신 분이 죄인이 되셨다. 죄 없으신 예수님께서 죄 많은 인생을 구원하시기 위해 죗값을 대신 받으셨다. 자신의 생명을 대속물로 주시므로 모든 것을 아낌없이 주셨다.

예수님께서 만났던 사람들을 살펴보면 죄인들, 병자, 소외된 사람들이 대부분이다. 예수님의 초청은 '모두 다' '누구든지'이다.

어느 날 예수님은 나병환자 시몬을 직접 찾아가셔서 식사를
하셨다. 나병환자는 모든 사람이 가까이 오는 것을 싫어해서 격
리시켜 살도록 한 사람이었다. 나병환자와 식사까지 하셨다는
것은 예수님께서 한 영혼을 얼마나 사랑하셨는가를 알게 한다.
이때 예수님을 감동시킨 사람이 있다. 예수님 주변에 많은 사람
이 있었지만, 예수님의 마음을 감동시킨 사랑은 많지 않다. 예수
님께서 시몬의 집에서 식사하실 때에 한 여자가 향유가 든 옥합
을 깨뜨려 예수님의 머리에 부었다.

이 여인에 대해 요한복음 12장 3절에서 나사로의 누이 마리
아라고 밝히고 있다.

"마리아는 지극히 비싼 향유 곧 순전한 나드 한 근을 가져다가 예
수의 발에 붓고 자기 머리털로 그의 발을 닦으니 향유 냄새가 집
에 가득하더라"(요 12:3)

여인은 예수님께 자신이 가진 것 중에 가장 귀한 것을 아낌
없이 드렸다. 예수님께 드린 것이 너무나 귀한 것이어서 주위
사람들이 허비한다고 아까워했다. 어떤 사람은 화를 냈다. 1년
치 봉급에 해당하는 삼백 데나리온의 향유를 한순간에 예수님

의 머리에 부었기 때문이다. 다른 사람들의 눈에는 허비하는 것처럼 보였지만 이 여인에게는 전혀 허비한 것이 아니었다. 땅바닥에 흘러내린 향유 속에도 사랑이 듬뿍 담겨져 있었기에 예수님은 여인의 사랑이 담긴 섬김을 기쁘게 받으셨다.

> "예수께서 이르시되 그를 가만 두어 나의 장례할 날을 위하여 그것을 간직하게 하라 가난한 자들은 항상 너희와 함께 있거니와 나는 항상 있지 아니하리라 하시니라"(요 12:7~8)

예수님은 사랑이시다. 그리고 우리의 사랑을 원하신다. 그래서 여인의 사랑에 흡족해 하셨다.

섬김에도 기회가 있다. 여인은 예수님이 나병환자 시몬의 집에 계신다는 소식을 듣고 기회를 놓치지 않았다. 초대 받지 않았지만 여인의 자세는 적극적이었다. 힘을 다해 섬겼다. 예수님은 이 여인의 섬김을 모든 사람이 따라야 할 모델이라고 말씀하셨다. 십자가에 돌아가시기 전에 부은 이 향유는 장례를 준비한 향유라고 말씀하시면서 복음을 받은 자들이 배워야 할 섬김의 모델이라고 칭찬해 주셨다. 그야말로 어두운 하늘에 별과 같이 빛나는 사랑의 섬김이었던 것이다.

"내가 진실로 너희에게 이르노니 온 천하에 어디서든지 복음이
전파되는 곳에는 이 여자가 행한 일도 말하여 그를 기억하리라
하시니라"(막 14:9)

오늘도 주님은 우리에게 말씀하신다.

"이 여인의 사랑의 섬김을 기억하라"

감사하는 자세를 가질 때
섬기는 삶을 살 수 있다

　　사단이 가장 싫어하고 무서워하는 사람이 복음으로 무장되어 섬기는 사람일 것이다. 복음의 열정을 가진 제자들의 섬김은 교회를 화평하게 하고 건강한 교회가 되도록 하는 밑거름이 된다.

　　섬기는 자는 자신을 내세우지 않고 자랑하지 않고 맡은 위치에서 소리 없이 섬긴다. 인정해 주지 않는다고 서운해하거나 불평하지 않는다. 주님께 쓰임 받고 주님의 뜻을 행한 것으로 만족하기에 언제나 감사하며 섬기고 자신을 드러내지 않는다.

　　〈쉰들러 리스트〉라는 영화는 1993년에 방영된 영화로 최우수작품상, 최우수감독상, 최우수각색상 등 7개 부문에서 아카데미상을 수상했다. 내용은 독일의 사업가 오스카 쉰들러의 삶을 중심으로 전개된다. 쉰들러의 공장 일꾼은 전부 유대인이었다. 유대인들을 징집해서 자기 공장에 고용하므로 수용소에 끌려가

죽지 않도록 했다. 가장 감동적인 장면은 마지막 장면이다. 독일이 연합군에게 무조건 항복하고 쉰들러와 그의 아내를 싣고 갈 차가 기다리고 있었다. 그리고 모든 일군들이 그를 둘러싸고 있었다. 쉰들러가 체포되지 않도록 하기 위해 일꾼들은 그가 노력해 준 그동안의 일들을 편지로 쓰고 모두 서명을 하고 일꾼들의 이에 씌운 금을 뽑아 반지를 만들어 준다. 그 반지에는 히브리어로 이렇게 적혀져 있었다.

'한 사람의 목숨을 구하는 자는 온 세상을 구하는 것이다'

쉰들러는 이렇게 말한다.

"좀 더 구할 수 있었는데…, 조금 더 살릴 수 있었는데"

그때 옆에서 이렇게 말한다.

"오스카 당신 때문에 살아 있는 사람이 천백 명이나 됩니다. 보십시오"

그때 쉰들러는 또다시 말한다.

"돈을 더 들였다면…, 너무 많은 돈을 날렸습니다. 조금만 더 아꼈다면……"

자신이 허비한 물질로 조금 더 구할 수 있었다고 안타까워한 것이다.

그때 스테른이라는 사람이 이렇게 말한다.

"당신 때문에 세대가 끊어지지 않을 것입니다."

그러자 또다시 말한다.

"더 많이 못 했습니다."

쉰들러가 운다. 그리고 자기 옷깃에 있는 금으로 된 핀을 보며 "이것으로 두 명은 더 살렸을 텐데……"라고 말하며 운다. 그러자 옆에 있던 사람이 "당신은 아주 많이 구했습니다."라고 위로한다.

이 광경을 보며 상상할 수 있는 것이 있다. 우리가 주님 앞에 섰을 때의 모습일 수도 있다는 것이다.

우리가 주님 앞에서 "저는 많은 시간을 허비했습니다. 돈과 명예를 소유하는데 너무 많은 시간을 허비했습니다. 생명을 구하는 일에 시간과 물질을 더 많이 투자했어야 하는데 말입니다. 조금만 더 시간과 물질을 아껴서 더 많은 사람을 구원했으면 좋았을 텐데요"라고 말할 때 주님께서 "너는 정말 많이 했어, 잘했어"라고 칭찬해주신다면 얼마나 좋겠는가?

우리는 이 세상을 사는 동안 청지기 의식을 가지고 살아야 한다. 청지기 의식이란 주인의 소유를 맡았다는 의식을 가지는 것이다. 내 것이 아니라 잠깐 위임받았기에 더욱 책임감을 가지고 성실한 자세로 섬겨야 한다.

청지기는 주인의 가사 전반을 돌아보고 관리하는 자를 가리 킨다. 우리가 청지기 의식을 가지면 맡겨진 일에 대해 감사하므로 섬길 수 있다. 그리고 주인이신 하나님의 뜻대로 행하게 된다.

우리가 지금 소유하고 있는 모든 것은 주인이신 하나님께서 우리에게 맡겨주신 것이기에 매우 소중한 것이다. 그러므로 감사의 마음으로 섬겨야 한다.

『천로역정』의 저자 요한 번연이 하루는 술주정뱅이가 길가에 쓰러져 있는 것을 보며 감사했다고 한다. 자신도 주님의 은혜가 아니었으면 그 사람과 똑같이 되었을 것이라고 깨달았기 때문이라고 한다.

감사하는 자세를 가질 때 섬기는 삶을 살 수 있다.

예수님이 섬기셨기에 섬기는 것은 최고의 행위이다. 섬기는 자는 거인이다. 섬기는 자를 통해 하나님은 일하신다.

우리 모두에게는 섬김의 기회가 주어졌다. 기회를 사야 한다. 기회를 허비하는 자는 어리석은 자이다. 흘러간 물은 물레방아를 돌게 할 수 없기 때문이다.

오늘이 기회이다. 지난날 우리에게 주셨던 기회를 놓치고 허비했다면 오늘부터 다시 시작하자.

"예수께서 이르시되 내가 곧 길이요 진리요 생명이니

나로 말미암지 않고는 아버지께로 올 자가 없느니라"(요 14:6)